JN076714

改訂版
放課後児童クラブ
運営指針解説書

厚生労働省編

ま え が き

　子ども・子育て支援新制度の創設を受け、放課後児童クラブの質の向上を図るため、厚生労働省は、放課後児童クラブの設備及び運営に関する基準の策定とそれに基づく放課後児童クラブ運営指針（以下「運営指針」）の策定、放課後児童支援員認定資格研修の創設などを進めてきました。これらを受け、平成29年3月31日、放課後児童クラブ運営指針解説書（以下「解説書」）を発出しました。

　解説書の作成は、都道府県、市町村担当者や事業者（運営主体）及び放課後児童支援員等に運営指針の趣旨と内容が正確に理解されることを願って企画されました。そして、その内容が広められることによって、すべての放課後児童クラブにおける育成支援についてその多様性をいかしつつ、一定水準以上の質の確保を図ることをめざしています。さらに、解説書は、放課後児童支援員認定資格研修や現任研修の教材、あるいは行政担当者と放課後児童クラブ職員との勉強会等の材料としても使用されることが期待されています。

　解説書では、できるだけ簡潔に運営指針本文の説明を行い、育成支援を行う際の考え方や留意点の補足説明、取組の参考になる関連事項等の紹介を行うよう努めました。そのため、解説書作成に当たっては、末尾（参考）に記載した放課後児童クラブ運営指針解説書（案）作成検討委員会の方々に協力いただきました。ここに心から感謝いたします。

　本書が放課後児童クラブ関係者や保護者のみならず広く国民の方々に読まれ、子どもたちの健全な育成に資することを願っています。

厚生労働省子ども家庭局子育て支援課

目　　次

序　章

1．放課後児童クラブとは何か・・・・・・・・・・・・・・・・・・・・・・・・・・・・・・・・・・・7
2．放課後児童クラブの基準と運営指針の策定と研修・・・・・・・・・・・・・・・9
3．放課後児童クラブ運営指針の要点・・・・・・・・・・・・・・・・・・・・・・・・・・・12
4．放課後児童クラブ運営指針解説書の読み方について・・・・・・・・・・・・・15

第1章　総則

1．趣旨・・19
2．放課後児童健全育成事業の役割・・・・・・・・・・・・・・・・・・・・・・・・・・・・・21
3．放課後児童クラブにおける育成支援の基本・・・・・・・・・・・・・・・・・・・・26

第2章　事業の対象となる子どもの発達

1．子どもの発達と児童期・・・・・・・・・・・・・・・・・・・・・・・・・・・・・・・・・・・・35
2．児童期の発達の特徴・・・・・・・・・・・・・・・・・・・・・・・・・・・・・・・・・・・・・・39
3．児童期の発達過程と発達領域・・・・・・・・・・・・・・・・・・・・・・・・・・・・・・・41
4．児童期の遊びと発達・・・・・・・・・・・・・・・・・・・・・・・・・・・・・・・・・・・・・・46
5．子どもの発達過程を踏まえた育成支援における配慮事項・・・・・・・・・・・49

第3章　放課後児童クラブにおける育成支援の内容

1．育成支援の内容・・56
2．障害のある子どもへの対応・・・・・・・・・・・・・・・・・・・・・・・・・・・・・・・・・85
3．特に配慮を必要とする子どもへの対応・・・・・・・・・・・・・・・・・・・・・・・102
4．保護者との連携・・・115
5．育成支援に含まれる職務内容と運営に関わる業務・・・・・・・・・・・・・・・122

第4章　放課後児童クラブの運営

　　1．職員体制・・・129

　　2．子ども集団の規模（支援の単位)・・・・・・・・・・・・・・・・・・・・132

　　3．開所時間及び開所日・・・・・・・・・・・・・・・・・・・・・・・・・・・・・・・・・133

　　4．利用の開始等に関わる留意事項・・・・・・・・・・・・・・・・・・・・134

　　5．運営主体・・140

　　6．労働環境整備・・・・・・・・・・・・・・・・・・・・・・・・・・・・・・・・・・・・・・・144

　　7．適正な会計管理及び情報公開・・・・・・・・・・・・・・・・・・・・・・146

第5章　学校及び地域との関係

　　1．学校との連携・・・・・・・・・・・・・・・・・・・・・・・・・・・・・・・・・・・・・・・147

　　2．保育所、幼稚園等との連携・・・・・・・・・・・・・・・・・・・・・・・・150

　　3．地域、関係機関との連携・・・・・・・・・・・・・・・・・・・・・・・・・・・152

　　4．学校、児童館を活用して実施する放課後児童クラブ・・・・・・・・・・・・154

第6章　施設及び設備、衛生管理及び安全対策

　　1．施設及び設備・・・・・・・・・・・・・・・・・・・・・・・・・・・・・・・・・・・・・・・159

　　2．衛生管理及び安全対策・・・・・・・・・・・・・・・・・・・・・・・・・・・・・164

第7章　職場倫理及び事業内容の向上

　　1．放課後児童クラブの社会的責任と職場倫理・・・・・・・・・・・・・・・・・・・183

　　2．要望及び苦情への対応・・・・・・・・・・・・・・・・・・・・・・・・・・・・・193

　　3．事業内容向上への取り組み・・・・・・・・・・・・・・・・・・・・・・・・・198

付録

1．児童福祉法 ・・・206

2．放課後児童健全育成事業の設備及び運営に関する基準・・・・・・・・・・・・207

3．放課後児童健全育成事業の設備及び運営に関する基準について・・・・・214

4．「放課後児童クラブ運営指針」の策定について・・・・・・・・・・・・・・・・・・・224

5．放課後児童クラブ運営指針・・・・・・・・・・・・・・・・・・・・・・・・・・・・・・・・・226

6．放課後児童健全育成事業の設備及び運営に関する基準の一部を
　改正する省令の施行について（平成 30 年 3 月 30 日）・・・・・・・・・・・・246

7．放課後児童健全育成事業の設備及び運営に関する基準の一部を
　改正する省令の施行について（平成 31 年 3 月 29 日）・・・・・・・・・・・・248

8．放課後児童健全育成事業の設備及び運営に関する基準の一部を
　改正する省令の施行について（令和元年 10 月 3 日）・・・・・・・・・・・・250

9．放課後児童健全育成事業の設備及び運営に関する基準の一部を
　改正する省令の施行について（令和 2 年 3 月 23 日）・・・・・・・・・・・・253

（参　考）・・・255

序章

1．放課後児童クラブとは何か

（1）放課後児童クラブの概要

　放課後児童クラブは放課後児童健全育成事業を行う場所であり、子ども及び放課後児童支援員等により構成される集団で営まれています。また、事業そのものを指す場合もあります。

　放課後児童健全育成事業は、児童福祉法（昭和22年法律第164号）第6条の3第2項において、「小学校に就学している児童であつて、その保護者が労働等により昼間家庭にいないものに、授業の終了後に児童厚生施設等の施設を利用して適切な遊び及び生活の場を与えて、その健全な育成を図る事業」として規定されています。また、社会福祉法（昭和26年法律第45号）上の第二種社会福祉事業として規定されるとともに、子ども・子育て支援法（平成24年法律第65号）第59条第1項第5号に規定する地域子ども・子育て支援事業の一つとして、市町村（特別区を含む。以下同じ。）が地域のニーズ調査等に基づく量の見込みや提供体制の確保等について市町村子ども・子育て支援事業計画に盛り込み、これを実施するとされています。更に、事業の質の確保を図るため、「放課後児童健全育成事業の設備及び運営に関する基準」（平成26年厚生労働省令第63号。以下「基準」という。）が定められ、「放課後児童クラブ運営指針」（平成27年3月31日雇児発0331第34号厚生労働省雇用均等・児童家庭局長通知。以下「運営指針」という。）を策定しています。

（2）放課後児童クラブの経緯

　放課後児童クラブは、歴史的には、昭和30年代初頭から母親の就労の増加に伴って、放課後、保護者が家庭にいない子どもの豊かで安全・安心な生活保障が社会問題として取り上げられるようになり、いわゆる「学童保育」として、保護者等の自主運営や市町村の単独補助による事業として全国的に広

がっていったことに始まります。その後、放課後児童クラブは、地域の実情に応じて多様な運営によって展開されていきました。

　当時の厚生省は、昭和51年度から、留守家庭児童対策や健全育成対策として、国庫補助を開始しましたが、放課後児童クラブは、実施場所や運営形態の多様性を包み込みながら年々充実が図られていきました。

　その後、平成10年度から施行の児童福祉法改正によって、放課後児童健全育成事業が法定化されました。そして、平成27年度からの、子ども・子育て支援新制度の施行を契機に、対象年齢の拡大と基準の策定、放課後児童支援員の資格化、職員の処遇改善のための方策等が実施されて今日に至っています。

2．放課後児童クラブの基準と運営指針の策定と研修

（1）放課後児童健全育成事業の設備及び運営に関する基準の策定

　放課後児童クラブは、このように、地域における事業主体や運営の多様性を踏まえた政策が進められてきましたが、クラブの大規模化や利用できない子どもの増加等の課題のほか、開所時間や開所日数に係る一層の多様化も進みました。そして、これらと同時に、地域における子どもの安全・安心の確保も大きな政策課題として浮かび上がってきました。

　このような動向を受け、厚生労働省より、「放課後児童クラブガイドライン」（平成19年10月19日雇児発第1019001号厚生労働省雇用均等・児童家庭局長通知）が発出されました。これは、放課後児童クラブをよりよい方向に導く指針としての性格を有するものとして作成されたものであり、以後、この「放課後児童クラブガイドライン」に基づく運営の改善や地方自治体における独自のガイドラインの作成等が目立つようになりました。

　しかしながら、その後も放課後児童クラブ数・利用児童数は大きく増加し、課題もより顕著になってきました。そのため、共働き家庭等の「小１の壁」を打破するとともに、次代を担う人材を育成するため、平成26年度には、厚生労働省と文部科学省の共同による「放課後子ども総合プラン」（平成26年７月31日26文科生第277号・雇児発0731第４号文部科学省生涯学習政策局長、大臣官房文教施設企画部長、初等中等教育局長、厚生労働省雇用均等・児童家庭局長通知）が策定されました。そして、子ども・子育て支援新制度の施行を機に、放課後児童クラブの量的拡充とともに質の向上も図るため、市町村は、放課後児童健全育成事業の設備及び運営について、条例で基準を定めることが児童福祉法に規定されました。こうして、その条例に関する国の基準となる「放課後児童健全育成事業の設備及び運営に関する基準」が平成27年度から施行されました。

（2）放課後児童クラブ運営指針の策定

　基準の策定に伴って、放課後児童クラブにおける支援の充実を図るため、

これまでの「放課後児童クラブガイドライン」が見直され、運営に関するより具体的な内容を定めた「放課後児童クラブ運営指針」を厚生労働省雇用均等・児童家庭局長通知として、平成27年３月に発出しました。それに伴って、平成19年の「放課後児童クラブガイドライン」は廃止されました。その背景には、放課後児童クラブの運営の質の平準化という課題とともに、「放課後子ども総合プラン」の推進や対象児童の高学年への拡大、職員の質の確保、障害のある子どもの受入れ体制の充実、安全対策の充実等、近年の放課後児童クラブの動向を踏まえた運営に関する指針が必要という認識がありました。

運営指針の実践的な目的と意義は、以下の４点にまとめられます。すなわち、①多様な人材によって運営される放課後児童クラブにおける放課後児童支援員等としてのアイデンティティの共有化、②研修と連動させることにより、職員の資質向上に資するものとすること、③放課後児童クラブの運営の平準化、④放課後児童クラブの支援に関する社会に対しての説明責任を果たす（社会にひらく）ことです。このほか、放課後子供教室等他の事業と一体的に実施する場合の留意点を示すことも、目的の一つとなります。

（3）研修との連動

基準においては、支援の単位（子どもの集団の規模）は、おおむね40人以下とし、そこに、有資格者（基準第10条第３項各号のいずれかに該当する者であって都道府県知事が行う研修を修了したもの）である放課後児童支援員を２人以上配置する（ただしその１人を除き、補助員をもってこれに代えることができる）こととされています。

この基準に基づき、放課後児童支援員の研修カリキュラムを定め、平成27年度から放課後児童支援員の認定資格研修を開始しています。この放課後児童支援員の認定資格研修カリキュラムは、６分野[1]、16科目、24時間としてい

1　放課後児童支援員認定資格研修の６分野は、①放課後児童健全育成事業の理解、②子どもを理解するための基礎知識、③放課後児童クラブにおける子どもの育成支援、④放課後児童クラブにおける保護者・学校・地域との連携・協力、⑤放課後児童クラブにおける安全・安心への対応、⑥放課後児童支援員として求められる役割・機能の６分野であり、運営指針の構成と対応している。また、子育て支援員（放課後児童コース）の６科目も、これに対応している。

ます。また、補助員は子育て支援員（放課後児童コース）研修を修了していることが望ましく、その研修内容は、14科目17時間（うち、8科目8時間が子育て支援員基本研修科目、6科目9時間が放課後児童コース科目）としています。放課後児童支援員認定資格研修や子育て支援員研修（放課後児童コース）の科目構成は「放課後児童クラブ運営指針」に準拠し、それぞれの研修と連動することにより、運営指針の浸透を目指しています。

3．放課後児童クラブ運営指針の要点

（1）放課後児童クラブ運営指針の特徴

運営指針の特徴は、3つの視点と4つのポイントにまとめられます。

まず、3つの視点とは、以下のとおりです。

① 放課後児童クラブの多様な実態を踏まえ、「最低基準」としてではなく、望ましい方向に導いていくための「全国的な標準仕様」として作成したこと。

② 放課後児童クラブが果たすべき役割を再確認し、その役割及び機能を適切に発揮できるよう規定したこと。

③ 異なる専門性を有して従事している放課後児童支援員等が、子どもと関わる際の共通認識を得るために必要となる項目を充実させたこと。

また、4つのポイントは、以下のように整理することができます。

① 放課後児童クラブの特性である「子どもの健全な育成と遊び及び生活の支援」を「育成支援」と定義し、そのことをいかに担保するかということを重視して、その育成支援の基本的な考え方等を第1章総則に記述したこと。

② 児童期の発達の特徴を3つの時期区分ごとに整理するとともに、子どもの発達過程を踏まえて、集団の中での子ども同士の関わりを大切にし、子どもの家庭生活等も考慮して、育成支援を行う際の配慮すべき事項等を第2章に記述したこと。

③ 子どもの視点に立ち、子どもにとってどのような放課後の生活が用意されなければならないかという観点から、放課後児童クラブにおける「育成支援」の具体的内容を網羅的に記載するとともに、放課後児童クラブが果たすべき事業役割や保障すべき機能を記述したこと。障害のある子どもや特に配慮を必要とする子どもへの対応については、受入れに当たってのより具体的な考え方や留意点等も加味して第3章に記述したこと。

④　運営主体が留意すべき点として、子どもや保護者の人権への配慮、権利擁護、個人情報や守秘義務の遵守及び事業内容の向上に関すること等、放課後児童クラブの社会的責任と職場倫理等について、第7章に記述したこと。

　これら以外にも、基準に基づく職員体制や施設及び設備等の具体的な内容について第4章及び第6章に、保護者との連携、協力関係の大切さ、学校や児童館、地域、関係機関等との連携等の必要性や他の事業と連携して実施する場合の留意点等については第3章及び第5章において、それぞれ詳しく記述したなどの特徴があります。

　なお、運営指針と同時期に、「放課後等デイサービスガイドライン」（平成27年4月1日障発0401第2号厚生労働省社会・援護局障害保健福祉部長通知）が発出されています。放課後児童クラブにおける障害のある子どもの受入れや支援に当たっては、このガイドラインも参考になります。

（2）放課後児童クラブ運営指針の構成及び各章の概要

　運営指針は、第1章から第7章までの構成で、放課後児童クラブにおける育成支援の内容や運営に関する基本的な事項と留意すべき事項等を網羅的に定めています。各章の概要は、以下のとおりです。

①　「第1章　総則」は、運営指針の趣旨と育成支援の基本的な考え方を示し、放課後児童支援員等の役割と放課後児童クラブの社会的責任について記述しています。

②　「第2章　事業の対象となる子どもの発達」は、児童期（6〜12歳）の発達の特徴を3つの時期区分ごとに整理し、育成支援に当たって配慮すべき内容を記述しています。

③　「第3章　放課後児童クラブにおける育成支援の内容」は、育成支援を行うに当たって、子どもが主体的に過ごし一人ひとりと集団全体の生活を豊かにしていくために必要となる育成支援の具体的な方法や、障害のある子ども等に適切に対応していくために留意すべきこと、保護者との信頼関

係の構築等の内容を記述しています。

④ 「第4章　放課後児童クラブの運営」は、基準に基づく職員体制や子ども
　の集団の規模等の具体的な内容を記述しています。

⑤ 「第5章　学校及び地域との関係」は、連携に当たっての情報交換等の
　必要性や方法等の内容を記述しています。

⑥ 「第6章　施設及び設備、衛生管理及び安全対策」は、基準に基づく施
　設及び設備の環境整備と、感染症や事故等への対応方法等の具体的な内容
　を記述しています。

⑦ 「第7章　職場倫理及び事業内容の向上」は、運営主体の責務と放課後
　児童支援員等の倫理意識の自覚、研修等の事業内容向上の取組内容を記述
　しています。

4．放課後児童クラブ運営指針解説書の読み方について

（1）放課後児童クラブ運営指針解説書の記述の特徴

　　放課後児童クラブ運営指針解説書（以下「解説書」という。）は、運営指針の各章を項目ごとに区切って解説を行う記述方式を基本としています。そこでは、項目ごとの規定内容の根拠や考え方等を記述し、参考資料として法令の条文や根拠資料の一部も併せて提示しています。また、参考情報やコラムとして、実践に資すると思われる例示も、必要に応じて提示しています。

　　解説書の記述についての基本的な考え方は、以下の２点にまとめられます。

　　第一に、放課後児童クラブにおける育成支援は、子どもと保護者の状況や地域の実情等を踏まえて、それぞれの放課後児童クラブの創意工夫を尊重して行われるべきものです。その創意工夫が、子どもの最善の利益に役立つものになるために、基準と運営指針で記されている事項がどのような趣旨であるかを正確に伝えることが必要であるとの考えから記述しています。

　　第二に、運営指針は、育成支援に関する事項と育成支援を支える運営面での取組に関する事項をできるだけ整理して示すことで、放課後児童クラブにおける取組の構造を明確にして、育成支援や事業運営の改善等の質の向上に役立てることを目指しています。また、運営指針は、放課後児童支援員等と放課後児童健全育成事業に携わるすべての人々に日常的に活用されるとともに、保護者にも活用されることを想定しています。更に、放課後児童クラブの関係者だけでなく、広く子どもの放課後の遊びと生活に関わる方々に活用されることを期待しています。

　　こうした考え方から、解説書は、できるだけ簡潔に、運営指針本文の説明や、育成支援を行う際の考え方や留意点の補足説明、取組の参考になる関連事項等の紹介を行うように作成しました。解説は、基準として規定する事項の基本的な内容を示し、育成支援についても放課後児童クラブの自主性、創意性が尊重されるように、内容の解説や育成支援を行う上での留意点等の方向性を示す記述としています。

　　なお、解説書各章の概要を各章のはじめに示しています。まずそこを読ん

で全体の概要を把握した上で、各章を読んでいかれることをお勧めします。

（2）放課後児童クラブ運営指針並びに解説書で使用した用語について

運営指針で使用した用語は、以下のとおりです。

① 育成支援を行う職員は、基準に基づいて「放課後児童支援員」「補助員」とし、両者を含む場合は「放課後児童支援員等」としています。なお、放課後児童健全育成事業に携わる人全体を表す場合は「職員」とし、「職員体制」等慣用として使われている用語はそれによっています。

② 「児童」については「子ども」で原則統一していますが、個別名称や熟語（「児童期」等）についてはそのまま用いています。

③ 放課後児童支援員等が行う「子どもの健全な育成と遊び及び生活の支援」を総称して「育成支援」と表現しています。また、実際の場面では、〈見守る〉〈手助けする〉〈教える〉〈一緒に行動する（遊ぶ）〉等多様な側面が考えられますが、それらを示す言葉としては「援助」を用いています。なお、育成支援を含めた放課後児童健全育成事業の役割を表す言葉としては、「支援」を用いています。

④ 放課後児童クラブに新たに登録して入る場合を「入所」、放課後児童クラブを辞めることを「退所」と表現しています。子どもが日々放課後児童クラブに来て帰る状況については、「来所（あるいは出席）」並びに「帰宅」と表現しています。

（3）解説書の文末表現について

解説書では、運営指針本文を枠で囲み、その下に解説を記載しています。なお、記載している事項の求める水準に応じて、解説文の文末を、おおむね以下の表のように示しています。文末の表現に留意して、解説書をお読みください。

〈求める水準に応じた文末表現とその説明〉

水準	表現	説明
必須	必要です 必要があります 必要になります 必要なことです しなければなりません	・法令、基準にあること ・指針で必須の記述になっていること ・安全や危機管理に関すること等、すべての放課後児童クラブにおいて必ず実施することが求められること
努力	求められます 努めなければなりません 努める必要があります	・放課後児童クラブにおいて可能な限り実施することが求められること
尊重	大切です 重要です	・実施に当たって大事なこととして尊重することが求められること
	望まれます 期待されます	・可能であれば実施が期待されること
選択	考えられます	・実施に当たって取組の選択肢として考えられること

（4）解説書の読み方について

　最後に、解説書は以下の形式で記述しています。

①　解説書は、運営指針の各章を、項目ごとに区切って解説を行う記述方式を基本としています。

②　章ごとに、運営指針の本文を項目に区切って囲い枠内に示し、その下に当該項目についての解説を記しています。

1．趣旨

　　運営指針の法令上の根拠及び規定する範囲を示しています。運営指針は、基準に基づいて作成しており、その規定する範囲は、「放課後児童クラブにおける、子どもの健全な育成と遊び及び生活の支援の内容に関する事項及びこれに関連する事項」としています。具体的な内容は、第2章以降に示しています。そして、放課後児童クラブにおける子どもの健全な育成と遊び及び生活の支援を「育成支援」と定めています。

}　解説

③　解説は、運営指針の各項目で示された内容の範囲内での記述としています。解説の要素や観点が複数にわたる場合には、見出し（◇）とともに内容を分けて整理しています。

④　運営指針の各項目及び解説内容の根拠となる法令・通知等については、解説の記述の後に〈関連法令・通知等〉として紹介しています。解説書では、放課後児童クラブに直接関連する部分を掲載していますので、関係する法令・通知等については全体を通して読む機会を設け、目的や定められている事項について全体として理解しておくことが望まれます。

⑤　運営指針の各項目及び解説内容についての理解を深め、各放課後児童クラブにおける運用方法等を考えるに当たって参考となる資料については、解説の記述の後に〈参考情報〉として紹介しています。

⑥　運営指針の各項目及び解説で示された考え方を各放課後児童クラブの育成支援にいかしていくためのヒントとして、実践の具体例や参考資料等を〈コラム〉として紹介しています。これらは育成支援の考え方についての方向性を示唆するためのものであり、放課後児童支援員等は、コラムで示された例や情報を参考にしながら、各放課後児童クラブの実態に応じて創意工夫して育成支援を行うことが望まれます。

第1章　総則

　この章は、運営指針の趣旨と育成支援の基本的な考え方を示し、放課後児童支援員等の役割と放課後児童クラブの社会的責任について記述しています。

　この総則に定める趣旨に基づく「放課後児童健全育成事業の役割」及び「放課後児童クラブにおける育成支援の基本」を具体化したものを第2章から第7章に示し、その連続性、整合性を図っています。そして、全体として、育成支援の質の向上に役立てられるように構成しています。

1．趣旨

> （1）この運営指針は、放課後児童健全育成事業の設備及び運営に関する基準（平成26年厚生労働省令第63号。以下「基準」という。）に基づき、放課後児童健全育成事業を行う場所（以下「放課後児童クラブ」という。）における、子どもの健全な育成と遊び及び生活の支援（以下「育成支援」という。）の内容に関する事項及びこれに関連する事項を定める。

　運営指針の法令上の根拠及び規定する範囲を示しています。運営指針は、基準に基づいて作成しており、その規定する範囲は、「放課後児童クラブにおける、子どもの健全な育成と遊び及び生活の支援の内容に関する事項及びこれに関連する事項」としています。具体的な内容は、第2章以降に示しています。そして、放課後児童クラブにおける子どもの健全な育成と遊び及び生活の支援を「育成支援」と定めています。

> （2）放課後児童健全育成事業の運営主体は、この運営指針において規定される支援の内容等に係る基本的な事項を踏まえ、各放課後児童クラブの実態に応じて創意工夫を図り、放課後児童クラブの質の向上と機能の充実に努めなければならない。

　放課後児童健全育成事業の運営主体には、この運営指針において規定される基本的な事項を踏まえ、放課後児童クラブに通う子どもと保護者の状況、

地域の特性等の実態に応じて創意工夫を図り、放課後児童クラブの質の向上と機能の充実に努めることが求められます。

　なお、基準第４条第１項及び第２項では、放課後児童健全育成事業の運営主体が、児童福祉法第34条の８の２第１項の規定により市町村が条例で定める基準（以下「最低基準」という。）を超えて、常に、その設備及び運営を向上させなければならないこと、最低基準を理由として、その設備又は運営を低下させてはならないことが示されています。

２．放課後児童健全育成事業の役割

> （１）放課後児童健全育成事業は、児童福祉法（昭和22年法律第164号。以下「法」という。）第６条の３第２項に基づき、小学校（以下「学校」という。）に就学している子ども（特別支援学校の小学部の子どもを含む。以下同じ。）であって、その保護者が労働等により昼間家庭にいないものに、授業の終了後（以下「放課後」という。）に児童厚生施設等の施設を利用して適切な遊び及び生活の場を与え、子どもの状況や発達段階を踏まえながら、その健全な育成を図る事業である。

　児童福祉法第６条の３第２項では、放課後児童健全育成事業の対象となる子どもの要件、事業が行われる時間、実施場所及び事業の目的が述べられています。

　放課後児童健全育成事業の対象となる子どもは、平成24年の児童福祉法の改正により、平成27年４月から、それまでの「おおむね10歳未満」から「小学校（以下「学校」という。）に就学している子ども」となりました。ここでの学校には「特別支援学校の小学部」も含まれます。また、「その保護者が労働等により昼間家庭にいないもの」の「労働等」には、保護者の疾病や介護・看護、障害等も含まれます。

　事業が行われる時間は「授業の終了後（放課後）」です。これには、学校の授業の休業日（土曜日、日曜日、長期休業期間等）も含まれます。

　実施場所は「児童厚生施設等の施設を利用して」行うとしています。実際の実施場所としては、学校の余裕教室や学校敷地内の専用施設、児童館、独立した専用施設、その他の公的施設等があります。

　事業の目的は「適切な遊び及び生活の場を与え、子どもの状況や発達段階を踏まえながら、その健全な育成を図る」ことと定めています。放課後児童クラブでは、「遊び等の活動拠点」としての機能と「生活の場」としての機能を適切に備え、子どもが安全に安心して過ごすことができ、子ども一人ひとりの状況や発達段階を踏まえた育成支援を展開することが求められます。

> （2）放課後児童健全育成事業の運営主体及び放課後児童クラブは、児童の権利に関する条約の理念に基づき、子どもの最善の利益を考慮して育成支援を推進することに努めなければならない。

　児童福祉法第1条では、「全て児童は、児童の権利に関する条約の精神にのっとり、適切に養育されること、その生活を保障されること、愛され、保護されること、その心身の健やかな成長及び発達並びにその自立が図られることその他の福祉を等しく保障される権利を有する」こととされ、第2条では、「児童の年齢及び発達の程度に応じて、その意見が尊重され、その最善の利益が優先して考慮され、心身ともに健やかに育成されるよう努めなければならない」こととされています。

　「子どもの最善の利益」は、児童の権利に関する条約（平成6年条約第2号）第3条に明記されています。この言葉は、子どもの人権を尊重し、放課後児童支援員等の大人の利益が子どもの利益よりも優先されてはならないことの重要性を表すものです。

　子どもの最善の利益を考慮して育成支援を進めるためには、子どもの立場に立ち、将来的・長期的視点から子どもにとっての最大限の権利を保障するという観点から、育成支援の内容や放課後児童クラブの果たすべき役割を考える必要があります。

〈関連法令・通知等〉

児童福祉法（昭和22年法律第164号）より

第1条　全て児童は、児童の権利に関する条約の精神にのっとり、適切に養育されること、その生活を保障されること、愛され、保護されること、その心身の健やかな成長及び発達並びにその自立が図られることその他の福祉を等しく保障される権利を有する。

第2条　全て国民は、児童が良好な環境において生まれ、かつ、社会のあ

らゆる分野において、児童の年齢及び発達の程度に応じて、その意見が尊重され、その最善の利益が優先して考慮され、心身ともに健やかに育成されるよう努めなければならない。

（中略）

②　児童の保護者は、児童を心身ともに健やかに育成することについて第一義的責任を負う。

③　国及び地方公共団体は、児童の保護者とともに、児童を心身ともに健やかに育成する責任を負う。

第3条　前二条に規定するところは、児童の福祉を保障するための原理であり、この原理は、すべて児童に関する法令の施行にあたつて、常に尊重されなければならない。

第3条の2　国及び地方公共団体は、児童が家庭において心身ともに健やかに養育されるよう、児童の保護者を支援しなければならない。ただし、児童及びその保護者の心身の状況、これらの者の置かれている環境その他の状況を勘案し、児童を家庭において養育することが困難であり又は適当でない場合にあつては児童が家庭における養育環境と同様の養育環境において継続的に養育されるよう、児童を家庭及び当該養育環境において養育することが適当でない場合にあつては児童ができる限り良好な家庭的環境において養育されるよう、必要な措置を講じなければならない。

児童の権利に関する条約（平成6年条約第2号）より

第2条

1　締約国は、その管轄の下にある児童に対し、児童又はその父母若しくは法定保護者の人種、皮膚の色、性、言語、宗教、政治的意見その他の意見、国民的、種族的若しくは社会的出身、財産、心身障害、出

生又は他の地位にかかわらず、いかなる差別もなしにこの条約に定める権利を尊重し、及び確保する。

第3条

1　児童に関するすべての措置をとるに当たっては、公的若しくは私的な社会福祉施設、裁判所、行政当局又は立法機関のいずれによって行われるものであっても、児童の最善の利益が主として考慮されるものとする。

2　締約国は、児童の父母、法定保護者又は児童について法的に責任を有する他の者の権利及び義務を考慮に入れて、児童の福祉に必要な保護及び養護を確保することを約束し、このため、すべての適当な立法上及び行政上の措置をとる。

3　締約国は、児童の養護又は保護のための施設、役務の提供及び設備が、特に安全及び健康の分野に関し並びにこれらの職員の数及び適格性並びに適正な監督に関し権限のある当局の設定した基準に適合することを確保する。

第12条

1　締約国は、自己の意見を形成する能力のある児童がその児童に影響を及ぼすすべての事項について自由に自己の意見を表明する権利を確保する。この場合において、児童の意見は、その児童の年齢及び成熟度に従って相応に考慮されるものとする。

2　（略）

（3）放課後児童健全育成事業の運営主体及び放課後児童クラブは、学校や地域の様々な社会資源との連携を図りながら、保護者と連携して育成支援を行うとともに、その家庭の子育てを支援する役割を担う。

　放課後児童クラブは、子どもにとっての遊びと生活の場です。そして、子どもの生活は、学校や地域の中の子どもに関する様々な施設・事業や機関等

との関わりを持っています。放課後児童クラブには、学校、児童館や公民館等の子どもが利用する施設、自治会・町内会や民生委員・児童委員（主任児童委員）等の地域組織と連携を図りながら、保護者と連携して育成支援を行うことが求められます。また、保護者からの相談等への対応においては、必要に応じて子どもに関わる地域の様々な相談窓口や関係機関と連携しながら、放課後児童クラブに通う子どもの家庭の子育てを支援する役割を担うことも期待されます。

　社会福祉法第5条では、福祉サービスの提供の原則として、「社会福祉を目的とする事業を経営する者は、その提供する多様な福祉サービスについて、利用者の意向を十分に尊重し、地域福祉の推進に係る取組を行う他の地域住民等との連携を図り、かつ、保健医療サービスその他の関連するサービスとの有機的な連携を図るよう創意工夫を行いつつ、これを総合的に提供することができるようにその事業の実施に努めなければならない」とされています。

３．放課後児童クラブにおける育成支援の基本

（１）放課後児童クラブにおける育成支援

> 放課後児童クラブにおける育成支援は、子どもが安心して過ごせる生活の場としてふさわしい環境を整え、安全面に配慮しながら子どもが自ら危険を回避できるようにしていくとともに、子どもの発達段階に応じた主体的な遊びや生活が可能となるように、自主性、社会性及び創造性の向上、基本的な生活習慣の確立等により、子どもの健全な育成を図ることを目的とする。

◇ 子どもが安心して過ごせる生活の場としてふさわしい環境の整備と安全面への配慮

　放課後児童クラブが「遊び及び生活の場」としての機能を果たすためには、子どもの生活の場としてふさわしい環境を整え、子どもの発達段階に応じた主体的な遊びや生活が可能となるような機能を有することが求められます。

　基準第９条では、放課後児童クラブの設備について、「遊び及び生活の場としての機能並びに静養するための機能を備えた区画（略）を設けるほか、支援の提供に必要な設備及び備品等を備えなければならない」とされています。そのためには、衛生及び安全が確保された手洗い場、台所設備、トイレ等のほかに、おやつや食事、自主的な学習活動を落ち着いてできるスペースや設備、団らんや休息等のためのゆったりとくつろげるスペース、体調の悪い時等に静養できるスペース等を確保することが求められます。また、子ども一人ひとりの生活の場であることを踏まえて、個々に専用のロッカー（持ち物置き場）や下駄箱を設置することも必要です。

　また、放課後児童クラブにおける育成支援は、安全面に配慮するとともに、子ども自身が危険につながる可能性のあることに気付いて対処する、直接の危険に遭遇した時に自分で被害を防ぐあるいは最小限に留めるなど、子どもが自ら危険を回避できるようにしていくことも求められます。子どもが自ら

危険を回避できる力を身に付けるためには、子どもの発達段階や状況に応じた適切な援助が求められます。

◇　**子どもの発達段階に応じた主体的な遊びや生活**

　放課後児童クラブでは、年齢の異なる子どもが同じ場所で一緒に過ごす時間が多くあります。このため、放課後児童クラブにおける育成支援を行うに当たっては、子ども一人ひとりの発達の状況が異なることを踏まえた関わりを考え、遊びや生活の中でそれぞれの子どもの感情や意思を尊重することが求められます。

　そのためには、子ども一人ひとりが放課後児童クラブでの過ごし方について共通の理解を持ち、見通しを持って過ごせるように工夫することが望まれます。

（2）保護者及び関係機関との連携

> 　放課後児童クラブは、常に保護者と密接な連携をとり、放課後児童クラブにおける子どもの様子を日常的に保護者に伝え、子どもに関する情報を家庭と放課後児童クラブで共有することにより、保護者が安心して子どもを育て、子育てと仕事等を両立できるように支援することが必要である。また、子ども自身への支援と同時に、学校等の関係機関と連携することにより、子どもの生活の基盤である家庭での養育を支援することも必要である。

　子どもの様子や育成支援の内容を放課後児童クラブから保護者に日常的に伝えることは、子どもに関する情報を家庭と放課後児童クラブで共有するために必要なことであり、保護者が安心して子育てと仕事等を両立できるように支援する上でとても大切なことです。そのことは、保護者が放課後児童クラブに信頼を寄せ、放課後児童支援員等に子どものことについて話しやすい関係も築かれるなど、子どもを見守る視点を家庭と放課後児童クラブとで補い合うことにもつながります。保護者との連絡について、基準第19条では「放

課後児童健全育成事業者は、常に利用者の保護者と密接な連絡をとり、当該利用者の健康及び行動を説明するとともに、支援の内容等につき、その保護者の理解及び協力を得るよう努めなければならない」とされています。

　また、子どもの生活の連続性を保障し、子どもの生活の基盤である家庭での養育を支援するために、学校との連携を図り、保育所、幼稚園、認定こども園等（以下「保育所、幼稚園等」という。）、地域の関係機関や地域組織等とも連携を図ることが求められます。関係機関との連携について、基準第20条では「放課後児童健全育成事業者は、市町村、児童福祉施設、利用者の通学する小学校等関係機関と密接に連携して利用者の支援に当たらなければならない」とされています。

（3）放課後児童支援員等の役割

> 　放課後児童支援員は、豊かな人間性と倫理観を備え、常に自己研鑽に励みながら必要な知識及び技能をもって育成支援に当たる役割を担うとともに、関係機関と連携して子どもにとって適切な養育環境が得られるよう支援する役割を担う必要がある。また、放課後児童支援員が行う育成支援について補助する補助員も、放課後児童支援員と共に同様の役割を担うよう努めることが求められる。

　放課後児童支援員は、放課後児童クラブにおける休息、遊び、自主的な学習、おやつ、文化的行事等を含む子どもの遊び及び生活の全般を通じた育成支援を行い、その言動が子どもに大きな影響を与える存在であることから、豊かな人間性や倫理観が求められます。また、絶えず研鑽を積んで、必要となる知識と技能を向上させて育成支援を行うことが求められます。なお、放課後児童支援員が行う支援について補助する者である「補助員」も、放課後児童支援員と同様の役割を担うように努めることが求められています。

　基準第7条では、放課後児童支援員及び補助員（以下「放課後児童支援員等」という。）等について、「健全な心身を有し、豊かな人間性と倫理観を備え、児童福祉事業に熱意のある者であって、できる限り児童福祉事業の理論

及び実際について訓練を受けた者でなければならない」とされています。

（4）放課後児童クラブの社会的責任

> ①　放課後児童クラブは、子どもの人権に十分に配慮するとともに、子ども一人ひとりの人格を尊重して育成支援を行い、子どもに影響のある事柄に関して子どもが意見を述べ、参加することを保障する必要がある。

　放課後児童クラブの運営主体及び放課後児童支援員等は、子どもの人権に十分に配慮し、子ども一人ひとりの人格を尊重して育成支援を行う必要があります。体罰や言葉の暴力はもちろん、日常の育成支援の中で子どもに身体的、精神的苦痛を与えたり、過度の管理や規制を行うことが決してないようにしなければなりません。基準第12条では「放課後児童健全育成事業者の職員は、利用者に対し、法※第33条の10各号に掲げる行為その他当該利用者の心身に有害な影響を与える行為をしてはならない」とされており（※法とは児童福祉法、条文は第7章「1．放課後児童クラブの社会的責任と職場倫理」で紹介。）、虐待等の子どもの心身に有害な影響を与える行為の禁止が明確に示されています。子どもの人権や尊厳を守ることは、放課後児童クラブの責務です。

　また、育成支援は、子どもの最善の利益を考慮して、子どものために行われるべきものであることから、放課後児童支援員等のみの考えで進めるのではなく、子どもに影響のある事柄については、子どもが意見を述べ、参加することを保障する必要があります。そのためには、普段から子どもとの信頼関係を築けるように努めることが求められます。また、様々な場面において、言語化されていない子どもの思いや感情にも気付けるように努力し、子どもの意見を汲み上げる工夫をすること等、子どもが意見を述べやすい環境を整えることが望まれます。

　放課後児童支援員等は、「児童福祉法」「児童の権利に関する条約」「障害者の権利に関する条約」（平成26年条約第1号）等における子どもの人権に

関する規定について十分に理解し、それを実現するための育成支援のあり方について学び続ける必要があります。

> ② 放課後児童クラブの運営主体は、放課後児童支援員及び補助員（以下「放課後児童支援員等」という。）に対し、その資質の向上のために職場内外の研修の機会を確保しなければならない。

　放課後児童クラブの運営主体には、職場内外の様々な機会を捉えて、放課後児童支援員等の資質の向上を図るための研修の機会を確保し、参加を保障する必要があります。

　基準第8条第2項では、「放課後児童健全育成事業者は、職員に対し、その資質の向上のための研修の機会を確保しなければならない」とされています。

　研修への参加で得た学びは、職場内で共有することを通じて、育成支援の充実につなげることが望まれます。

> ③ 放課後児童支援員等は、常に自己研鑽に励み、子どもの育成支援の充実を図るために、必要な知識及び技能の修得、維持及び向上に努めなければならない。

　放課後児童支援員等は、放課後児童クラブにおける育成支援の充実を図るために、日々の業務の中での経験から学びを深めるとともに、子どもの発達についての理解や遊び及び生活の支援に必要な知識及び技能の修得、維持及び向上に努めることが求められます。基準第8条第1項では、「放課後児童健全育成事業者の職員は、常に自己研鑽に励み、児童の健全な育成を図るために必要な知識及び技能の修得、維持及び向上に努めなければならない」とされています。そのためには、放課後児童クラブの運営主体が、職場内外での放課後児童支援員等の自己研鑽のための取組について支援することも望まれます。

> ④　放課後児童クラブの運営主体は、地域社会との交流や連携を図り、保護者や地域社会に当該放課後児童クラブが行う育成支援の内容を適切に説明するよう努めなければならない。

　放課後児童クラブは、地域社会の中で子育てについて重要な役割と責任を担っている事業です。

　放課後児童クラブの運営主体には、地域社会との交流や連携を図り、地域の中で放課後児童クラブの存在や役割が十分に理解されるように努めることが求められます。

　そのためにも、放課後児童クラブの運営主体は、放課後児童クラブが行う育成支援の内容を個々の保護者に日常的に伝えるとともに、すべての保護者に定期的にわかりやすく説明することが必要です。そして、地域社会にも定期的に説明するよう努める必要があります。

〈関連法令・通知等〉

社会福祉法（昭和26年法律第45号）より

第75条　社会福祉事業の経営者は、福祉サービス（社会福祉事業において提供されるものに限る。以下この節及び次節において同じ。）を利用しようとする者が、適切かつ円滑にこれを利用することができるように、その経営する社会福祉事業に関し情報の提供を行うよう努めなければならない。
　2　国及び地方公共団体は、福祉サービスを利用しようとする者が必要な情報を容易に得られるように、必要な措置を講ずるよう努めなければならない。

⑤　放課後児童クラブ及び放課後児童クラブの運営主体は、子どもの利益に反しない限りにおいて、子どもや保護者のプライバシーの保護、業務上知り得た事柄の秘密保持に留意しなければならない。

　放課後児童クラブ及び放課後児童クラブの運営主体は、子どもや保護者に関する情報を、正当な理由がなく第三者へ提供してはなりません。個人情報の保護に関する法律（平成15年法律第57号、以下「個人情報保護法」という。）第3条では、「個人情報は、個人の人格尊重の理念の下に慎重に取り扱われるべきものであることにかんがみ、その適正な取扱いが図られなければならない」とされています。また、基準第16条では、「放課後児童健全育成事業者の職員は、正当な理由がなく、その業務上知り得た利用者又はその家族の秘密を漏らしてはならない」「放課後児童健全育成事業者は、職員であった者が、正当な理由がなく、その業務上知り得た利用者又はその家族の秘密を漏らすことがないよう、必要な措置を講じなければならない」とされています。

　また、厚生労働省の通知「職員の資質向上・人材確保等研修事業の実施について」（平成27年5月21日雇児発0521第19号厚生労働省雇用均等・児童家庭局長通知）別添5「放課後児童支援員等研修事業実施要綱」により、都道府県等は、放課後児童支援員の認定を受けた者が、秘密保持義務に違反した場合やその他放課後児童支援員としての信用失墜行為を行った場合等には、当該者を認定者名簿から削除することができるとされています。

　なお、「子どもの利益に反しない限りにおいて」とは、児童福祉法第21条の10の5第2項において、要支援児童等[2]と思われる者を把握した場合に市町村へ情報提供すること及び児童虐待の防止等に関する法律（平成12年法律第82号。以下「児童虐待防止法」という。）第6条第3項において、児童虐待を発見した者が児童相談所等に通告することは守秘義務違反に当たらないことが法律上明記されていることを踏まえたものです。また、個人データは

2　児童福祉法第6条の3第5項に規定する、保護者の養育を支援することが特に必要と認められる児童（以下「要支援児童」という。）若しくは保護者に監護させることが不適当であると認められる児童及びその保護者又は出産後の養育について出産前において支援を行うことが特に必要と認められる妊婦（以下「特定妊婦」という。）（以下「要支援児童等」という。）を指す。

本人の同意を得ないで第三者に提供してはなりませんが、個人情報保護法第23条第1項第1号では、例外規定として「法令に基づく場合」が掲げられており、児童福祉法第21条の10の5第1項に基づく情報提供及び児童虐待防止法第6条第1項に基づく通告は個人情報保護法違反になりません。

　更に、各地方公共団体の個人情報保護条例において、個人情報の目的外利用又は提供禁止の例外規定として、「法令に定めがあるとき」等が定められていることが一般的であり、児童福祉法第21条の10の5第1項に基づく情報提供及び児童虐待防止法第6条第1項に基づく通告は「法令に定めがあるとき」に該当するため、条例にこのような例外規定がある場合には条例違反とはならないと考えられます。

> ⑥　放課後児童クラブ及び放課後児童クラブの運営主体は、子どもや保護者の苦情等に対して迅速かつ適切に対応して、その解決を図るよう努めなければならない。

　放課後児童クラブ及び放課後児童クラブの運営主体には、子どもや保護者の要望や苦情等に対して誠実に対応し、自らの事業運営や育成支援の内容を見直すことが求められます。そのためには、苦情に関する対応の経過を記録し、職員間で検討の機会を設けて、内容や対応について共通理解を図ることが望まれます。これらは、放課後児童クラブが社会的責任を果たしていく上で欠かすことのできないものです。

　基準第17条第1項では、「放課後児童健全育成事業者は、その行った支援に関する利用者又はその保護者等からの苦情に迅速かつ適切に対応するために、苦情を受け付けるための窓口を設置する等の必要な措置を講じなければならない」とされています。苦情を受け付けるための窓口があるということは、子どもや保護者が要望や苦情をどこに寄せればよいのかが明確にされているということです。なお、苦情解決については、社会福祉法第82条においても「社会福祉事業の経営者は、常に、その提供する福祉サービスについて、利用者等からの苦情の適切な解決に努めなければならない」と、運営主体の努力義務が定められています。

第2章　事業の対象となる子どもの発達

　この章は、児童期（6〜12歳）の発達の特徴を3つの時期区分ごとに整理し、育成支援に当たって配慮すべき内容を記述しています。また、この章は、放課後児童支援員等が、子どもの発達の特徴や発達過程を把握し理解することに役立てるために、対象となる子どもの発達についての基礎的なことを示しています。実際の育成支援に当たっては、この章を参照しながら、家庭や学校、地域における子どもの生活を踏まえ、子どもの発達の特徴や発達過程を具体的に把握し、個々の子どもに応じて取り組むことが望まれます。

　放課後児童クラブでは、放課後等に子どもの発達段階に応じた主体的な遊びや生活が可能となるようにすることが求められる。このため、放課後児童支援員等は、子どもの発達の特徴や発達過程を理解し、発達の個人差を踏まえて一人ひとりの心身の状態を把握しながら育成支援を行うことが必要である。

　人間の生活は同じことの繰り返しに見えて、実は日々変化しています。その変化を年齢によっておおまかに捉えると、胎児期、乳児期、幼児期、児童期、思春期・青年期、壮年期、中年期、老年期というように時期区分することができます。子どもは、いくつかの時期を経て大人になっていきますが、それぞれの時期は次の時期の単なる準備段階ではなく、子どもにとって固有の意味と価値を持ちます。

　放課後児童クラブは、児童期の子どもにふさわしい遊びや生活が可能となるよう環境を整え、個々の子どもに応じた育成支援を行います。そのためには、家庭や学校、地域における子どもの生活を踏まえて、子どもの発達の特徴や発達過程を具体的に把握し理解することが必要です。

1．子どもの発達と児童期

> 　6歳から12歳は、子どもの発達の時期区分において幼児期と思春期・青年期との間にあり、児童期と呼ばれる。

　子どもの発達過程では、運動や感情、言語や思考、人格や社会性といった機能領域ごとに変化が認められ、個人差も大きいものです。しかし、発達全体としては大きなまとまりがあり、それをもとに発達を時期区分することができます。現代社会において、子どもは誕生後、成人になるまでに、乳児期、幼児期、児童期、思春期・青年期という発達の時期区分を経ます。

　乳児期は、親[3]に依存している時期です。乳児期前半は仰向け姿勢やうつぶせ姿勢での生活を特徴として、「おはしゃぎ」等を通じて親と心理的な交流を図ります。乳児期後半は座位での生活とはいはいによる移動を特徴として、情動による関わりが展開します。

　幼児期は心理的な離乳[4]をし、友達関係を成立させて、次第に親から自立し始める時期です。幼児期前半には二足歩行が確立し、道具の使い方が巧みになり、言語によるコミュニケーションが進みます。それらの力を土台に2歳半から3歳にかけて反抗期を迎え、子どもは親と対立しながら自我を確立していきます。そして、幼児期後半を迎えると、子どもは親から見てもらうことと親から隠れてすることとを使い分けるとともに、子ども同士の遊びが盛んになり、ごっこ遊びなどの虚構的世界を共有しながら子ども達の間でのコミュニケーションが活発になります。

　児童期にはものや人の世界に対する興味が広がり、その興味の持続・探求のために自らを律することができるようになります。こうした興味や規律は、学校における学習を可能にすると同時に、その中で更に培われていきます。児童期前半には書き言葉や数量概念に進歩が見られ、学習を通じて様々な知

3　本章1～4は、子どもの発達の背景としての親子関係について解説しているため、「親」と表記している。本章5については、育成支援における配慮事項という主旨を考慮し、「保護者」としている。
4　「心理的な離乳」とは、子どもが親の依存を脱却して1人の社会人として独立していく発達過程に見られる心理的側面である。ここでいう心理的な離乳は、「子どもが安定した親子関係を基礎にしながら、一定時間親から離れて遊ぶことができるようになるなど、親子分離の心理的側面」を指している。

識を増やしていきます。また、他の子どもや大人の多様な人格についても経験します。そして、9、10歳頃を境に児童期後半を迎えます。そこでは特定の事物や場面にとらわれるのではなく、より一般的で本質的なものを捉えようとする概念的な思考の初歩が形成され、更には、子ども集団の中で過ごすことにより、規律と個性が培われていきます。

　青年期は、性的な成熟をきっかけにした第二の自我の誕生の時期です。青年期前半は思春期と呼ばれ、子どもは自分の身体の突然の変化に戸惑い、自分のことを気にするようになります。また、部分的ではありますが、論理的な思考が研ぎすまされ、人生や社会について考えるようになります。青年期後半には、友情や恋愛を経験し、自分の個性や能力を自覚し、世界観を獲得し、職業についての選択や準備をします。

　こうして、大人になるまでの諸過程において児童期は、幼児期からも思春期・青年期からも区別されますが、同時に幼児期のような振る舞いや思春期・青年期のような態度が見られることもあります。

　児童期の子どもは、学校、放課後、家庭のサイクルを基本とした生活となる。

　学校において基礎学力が形成されることに伴い、知的能力や言語能力、規範意識等が発達する。また、身長や体重の増加に伴って体力が向上し、遊びも活発化する。

　社会性の発達に伴い、様々な仲間集団が形成されるなど、子ども同士の関わりも変化する。さらに、想像力や思考力が豊かになることによって遊びが多様化し、創意工夫が加わった遊びを創造できるようになる。

　児童期には、幼児期の発達的特徴を残しつつ、思春期・青年期の発達的特徴の芽生えが見られる。子どもの発達は、行きつ戻りつの繰り返しを経ながら進行していく。

　子どもは、家庭や学校、地域社会の中で育まれる。大人との安定した信頼関係のもとで、「学習」、「遊び」等の活動、十分な「休息」、「睡眠」、「食事」等が保障されることによって、子どもは安心して生活し育つことができる。

　子どもは、家庭や学校、地域社会の中で育まれていきます。大人との安定した信頼関係のもとで、「学習」「遊び」等の活動、十分な「休息」「睡眠」「食事」等が保障されることによって、子どもは安心して生活し、育つことができます。児童期の子どもの生活は、学校、放課後、家庭のサイクルが基本となります。また、放課後児童クラブに通う子どもは、夏休みや冬休み、春休み等の長期休業期間では放課後児童クラブと家庭のサイクルが基本となります。

　児童期は、学校への就学という環境上の変化によって始まります。子どもは、教師のもと、学校から始まる国語や算数などの授業を時間割に沿って学習します。こうした活動においては、幼稚園や保育所で、興味に応じて自主的に選択し遊んでいた子どもも、学校に適応する過程である程度の努力や規律が求められることがあります。学年が進むとともに学習内容も高度になり、授業時間以外で自ら勉強する時間も増えていきます。

　こうした新しい環境の下、児童期全体としては、基礎学力が形成されるこ

とに伴い、知的能力や言語能力、規範意識等が発達します。また、身長や体重の増加に伴って体力が向上し、遊びも活発化します。そして社会性の発達に伴い、様々な仲間集団が形成されるなど、子ども同士の関わりも変化していきます。更に、想像力や思考力が豊かになることによって遊びが多様化し、創意工夫が加わった遊びを創造できるようになります。

　幼児期の子どもは、親や保育者等信頼を寄せる大人に見守られる中で遊びに没頭することができますが、児童期の子どもは、次第に大人から離れて子ども同士で活発に活動するようになります。思春期・青年期の子どもは、特定の友人と親しい関係を形成し、時には孤独を好みますが、児童期の子どもは、子ども集団で群れて遊ぶことを好みます。

　そして子どもは、やがて思春期・青年期へ移行していきます。性的成熟が始まり、興味関心が物事の本質に向かうようになるのはその前兆です。児童期には、幼児期の発達的特徴を残しつつ、思春期・青年期の発達的特徴の芽生えが見られます。このようにして、子どもの発達は、行きつ戻りつの繰り返しを経ながら進行していきます。

２．児童期の発達の特徴

> 　児童期の発達には、主に次のような特徴がある。
> ○　ものや人に対する興味が広がり、その興味を持続させ、興味の探求
> 　のために自らを律することができるようになる。
> ○　自然や文化と関わりながら、身体的技能を磨き、認識能力を発達させる。
> ○　学校や放課後児童クラブ、地域等、子どもが関わる環境が広がり、
> 　多様な他者との関わりを経験するようになる。
> ○　集団や仲間で活動する機会が増え、その中で規律と個性を培うとと
> 　もに、他者と自己の多様な側面を発見できるようになる。
> ○　発達に応じて「親からの自立と親への依存」、「自信と不安」、「善悪
> 　と損得」、「具体的思考と抽象的思考」等、様々な心理的葛藤を経験する。

　児童期の発達には、主に次のような特徴があります。

○　ものや人に対する興味が広がり、その興味を持続させ、興味の探求のた
　めに自らを律することができるようになります。自然を注意深く観察した
　り、事典や図鑑を調べたりしながら、知識を増やしていくことができるよ
　うになります。

○　自然や文化と関わりながら、身体的技能を磨き、認識能力を発達させま
　す。遊びの中で敏しょうな動きが可能になり、駆け引き等の知恵も身に付
　けていきます。また、ルールを絶対化することなく、皆が楽しく遊べるよ
　う工夫するようにもなります。

○　学校や放課後児童クラブ、地域等、子どもが関わる環境が広がり、多様
　な他者との関わりを経験するようになります。それぞれの子どもにはそれ
　ぞれの家庭があり、年齢や職業が異なる人達が生活していることを理解す
　るようになります。

○　集団や仲間で活動する機会が増え、その中で規律と個性を培うとともに、
　他者と自己の多様な側面を発見できるようになります。運動能力や言語能
　力、絵画や音楽の能力等の違いを認めながら、グループ学習や集団遊びに
　おいて、それぞれの特技をいかす方法を発見していきます。

○　発達に応じて「親からの自立と親への依存」「自信と不安」「善悪と損得」「具体的思考と抽象的思考」等、様々な心理的葛藤を経験します。子どもには課題を前にして葛藤を回避するのではなく、葛藤を経験しながら行動を選択する機会が与えられなければなりません。

3．児童期の発達過程と発達領域

> 　児童期には、特有の行動が出現するが、その年齢は固定的なものではなく、個人差も大きい。目安として、おおむね6歳〜8歳（低学年）、9歳〜10歳（中学年）、11歳〜12歳（高学年）の3つの時期に区分することができる。なお、この区分は、同年齢の子どもの均一的な発達の基準ではなく、一人ひとりの子どもの発達過程を理解する目安として捉えるべきものである。

　発達領域は、主要な心理機能に対応して、運動、感情、言語、思考、人格等の領域に区分することができます。児童期には、どの領域においても著しい変化が認められます。また、児童期には、特有の行動が出現しますが、その年齢は固定的なものではなく、個人差も大きいものです。

　児童期は、目安として、おおむね6歳〜8歳（低学年）、9歳〜10歳（中学年）、11歳〜12歳（高学年）の3つの時期に区分することができます。なお、この区分は、同年齢の子どもの均一的な発達の基準ではなく、一人ひとりの子どもの発達過程を理解する目安として捉えるべきものです。

（1）おおむね6歳〜8歳

> 　子どもは学校生活の中で、読み書きや計算の基本的技能を習得し、日常生活に必要な概念を学習し、係や当番等の社会的役割を担う中で、自らの成長を自覚していく。一方で、同時にまだ解決できない課題にも直面し、他者と自己とを比較し、葛藤も経験する。
> 　遊び自体の楽しさの一致によって群れ集う集団構成が変化し、そこから仲間関係や友達関係に発展することがある。ただし、遊びへの参加がその時の気分に大きく影響されるなど、幼児的な発達の特徴も残している。
> 　ものや人に対する興味が広がり、遊びの種類も多様になっていき、好奇心や興味が先に立って行動することが多い。

大人に見守られることで、努力し、課題を達成し、自信を深めていくことができる。その後の時期と比べると、大人の評価に依存した時期である。

　空間認識や時間認識は、6歳から7歳頃にかけて発達します。例えば「ジュースの量はコップの形が変わり見た目が変化しても変わらないこと」や「夢中になって遊んでいる時はあっという間で、我慢して勉強している時はいつまでも終わらないというように、活動によって時間の長さが違うように感じられるが、時計の上での経過時間は同じであること」等を理解するようになります。しかし、入学時点の子どもの年齢には、ほぼ1年の幅があり、まだこうした理解に到達していない子どももいます。このような発達の違いは見逃されがちですが、子どもの状態に応じた配慮が必要です。

　子どもは学校生活の中で、読み書きや計算の基本的技能を習得し、日常生活に必要な概念を学習し、係や当番等の社会的役割を担う中で、自らの成長を自覚していきます。一方で、同時にまだ解決できない課題にも直面し、他者と自己とを比較し、葛藤も経験します。子どもは自信過剰と自信喪失との間で動揺することもあります。

　一定のルールに基づく対抗型の遊びは児童期に特徴的なものです。相撲のような一対一の遊び、おにごっこのような一対複数の遊び、ドッジボールのような複数対複数の遊び等々、子どもは人数や場所、時間に応じて多彩な遊びを繰り広げます。遊び自体の楽しさの一致によって群れ集う集団構成が変化し、そこから仲間関係や友達関係に発展することがあります。ただし、遊びへの参加がその時の気分に大きく影響されるなど、この時期には幼児的な発達の特徴も残しています。

　この時期、生活圏の拡大に伴って、子どもの好奇心や興味も拡張します。子どもは新しい遊具に挑戦したり、虫や蝶を追跡したり、坂道の上り下りに夢中になったりしながら、自らの身体的技能を高めていきます。しかし、不慣れなところで一つのことに集中するあまり、事故やケガに遭いやすいのもこの時期の特徴です。自身や周りの安全を守るための援助が必要となります。

（2）おおむね9歳～10歳

> 　論理的な思考や抽象的な言語を用いた思考が始まる。道徳的な判断も、結果だけに注目するのではなく、動機を考慮し始める。また、お金の役割等の社会の仕組みについても理解し始める。
>
> 　遊びに必要な身体的技能がより高まる。
>
> 　同年代の集団や仲間を好み、大人に頼らずに活動しようとする。他者の視線や評価に一層敏感になる。
>
> 　言語や思考、人格等の子どもの発達諸領域における質的変化として表れる「9、10歳の節」と呼ばれる大きな変化を伴っており、特有の内面的な葛藤がもたらされる。この時期に自己の多様な可能性を確信することは、発達上重要なことである。

　この年齢では、子どもは学校生活に慣れ、より広い環境の中で活動し始めます。

　遊びに必要な身体的技能がより高まり、様々なことに挑戦しようとします。

　同年代の集団や仲間を好み、大人に頼らずに活動しようとします。また、他の子どもの視線や評価に一層敏感になります。この時期に自己の多様な可能性を確信することは、発達上重要なことです。

　この年齢になると、学習内容に抽象的な概念が含まれるようになり、子どもは徐々に論理的な思考や抽象的な言語を用いた思考に慣れていきます。この変化は、単に言語や思考の変化に留まらず、人格や社会性等の子どもの発達諸領域における質的変化として現れます。

　道徳的な判断についても、結果だけに注目するのではなく、動機を考慮し始めます。また、お金の役割等の社会の仕組みについても理解し始めます。

　こうした質的変化については、「9、10歳の節」という用語によって説明されます。この現象は子ども一般に認められ、小学4年生頃から増えてくる抽象的な概念の理解は多くの子どもにとって困難を伴います。

　具体的なイメージに支えられた思考から抽象的な概念に基づく思考への転換は、明確に切り替わるというものではなく、必要に応じて両者を使い分け

るということが起きます。そして、その際には特有の内面的な葛藤がもたらされます。

（3）おおむね11歳～12歳

> 学校内外の生活を通じて、様々な知識が広がっていく。また、自らの得意不得意を知るようになる。
>
> 日常生活に必要な様々な概念を理解し、ある程度、計画性のある生活を営めるようになる。
>
> 大人から一層自立的になり、少人数の仲間で「秘密の世界」を共有する。友情が芽生え、個人的な関係を大切にするようになる。
>
> 身体面において第2次性徴が見られ、思春期・青年期の発達的特徴が芽生える。しかし、性的発達には個人差が大きく、身体的発育に心理的発達が伴わない場合もある。

学校内外の生活を通じて、様々な知識が広がっていきます。日常生活に必要な様々な事柄をほぼ理解し、ある程度、計画性のある生活を営めるようになります。

また、自らの得意不得意を知るようになります。例えば、作文を得意とする子どもは読書感想文等に積極的に取り組みますが、不得手とする子どもはできるだけ取り組むのを先延ばしにしようとします。絵画の得意な子どもは絵を描くことに没頭しますが、不得手とする子どもは授業以外では絵を全く描かなくなることもあります。得意不得意を含めて自己を肯定できるかどうかは、発達上重要なことです。

大人から一層自立的になり、少人数の仲間で「秘密の世界」を共有するようになります。そして友情が芽生え、個人的な関係を大切にするようにもなります。個人的な関係を大切にすることと様々な人達と関わることとは、本来対立することではありませんが、時として子どもの仲間関係が排他的になることも起こります。

身体面において第2次性徴が見られ、思春期・青年期の発達的特徴が芽生

えます。性的発達には個人差が大きく、身体的発育に心理的発達が伴わない
場合もあります。性の違いを認めつつ、人としての平等性を理解することは、
子どもの課題であると同時に、大人社会の課題でもあります。

４．児童期の遊びと発達

　放課後児童クラブでは、休息、遊び、自主的な学習、おやつ、文化的行事等の取り組みや、基本的な生活に関すること等、生活全般に関わることが行われる。その中でも、遊びは、自発的、自主的に行われるものであり、子どもにとって認識や感情、主体性等の諸能力が統合化される他に代えがたい不可欠な活動である。

　子どもは遊びの中で、他者と自己の多様な側面を発見できるようになる。そして、遊びを通じて、他者との共通性と自身の個性とに気付いていく。

　児童期になると、子どもが関わる環境が急速に拡大する。関わる人々や遊びの種類も多様になり、活動範囲が広がる。また、集団での遊びを継続することもできるようになっていく。その中で、子どもは自身の欲求と相手の欲求を同時に成立させるすべを見いだし、順番を待つこと、我慢すること、約束を守ることや平等の意味等を身に付け、協力することや競い合うことを通じて自分自身の力を伸ばしていく。

　子どもは、遊びを通じて成功や失敗の経験を積み重ねていく。子どもが遊びに自発的に参加し、遊びの楽しさを仲間の間で共有していくためには、大人の援助が必要なこともある。

　放課後児童クラブでは、休息、遊び、自主的な学習、おやつ、文化的行事等の取組や、基本的な生活に関すること等、生活全般に関わることが行われます。子どもにとって遊びとは最も自主的で真剣な活動です。子どもは遊びの中で自らの知恵や技能を思う存分発揮することができます。そして遊びはどんな相手とも平等に交わることが保障された活動です。また、遊びは総合的活動であり、子どもは遊びの中で様々なことを学習し、遊びを通して運動能力や社会性、創造性等々を発達させます。このように、遊びは、子どもにとって認識や感情、主体性等の諸能力が統合化される他に代えがたい不可欠な活動です。

　遊びは、子どもにとって最も自主的な活動です。何をして遊ぶか、誰と遊

ぶか、いつまで遊ぶか等々、遊びへの関わり方は本来、子ども自らが決める
ことができるものです。その意味では、「一人遊び」も「見ていること」も
遊びへの参加として認められるものです。その時の子どもの体調や気分に
よって、選択される遊びの形態は異なるものですので、子どもの意思は尊重
されなければなりません。

　同時に、遊びは文化であり、大人世代から子ども世代へと、ある地域から
他の地域へと継承されていくものでもあります。大人には、より楽しい様々
な遊びについて探究して、適切な形で子どもに伝えていくことが求められま
すし、子どもとともに遊びを創造していく必要もあります。そうした意味で
は、現代の放課後児童クラブは、遊び文化を伝承し広げていくために大切な
役割を担っているといえます。

　遊びの伝承は放課後児童クラブ内に限られたことではありません。児童期
になると、子どもの活動範囲が広がり、地域の行事や子ども会等にも参加し、
様々な人々との交流を通して、遊びの多様性についても知るようになります。
地域との交流は、放課後児童クラブに新しい遊びを持ち込む機会にもなりま
す。また時には、放課後児童クラブ特有の遊びを地域に広める機会に恵まれ
ることもあります。そうした経験は、子どもの放課後児童クラブの一員とし
ての誇りや自信を深めていくことにもなります。

　子どもは楽しく遊ぶために、遊びの中で他の子どもの諸能力を読み、自他
の特長をいかしたり、演技をしたりと、あらゆる工夫をします。児童期の子
どもの社会性は、遊びにおいて最も発揮されます。また、子どもの身体的能
力や心的能力も遊びにおいて最大限に発揮されます。

　子どもは「加減」がわからないこともしばしばあります。「加減」がわか
るようになるためには子どもの自己中心性が克服されなければなりません
が、それには多くの場合、遊びにおける成功や失敗の経験を通じて他者の視
点を理解していくことが必要になります。

　そのため、児童期の子どもの遊びには、大人の支援が重要な役割を果たし
ます。なお、実際に援助する場合には、子どもの発達に応じた柔軟なもので
なくてはなりません。たとえ「正しいこと」であっても、ある程度自立した

仲間関係を持ち始めた児童期の子どもに対する頭ごなしの介入は、遊びを発展させませんし、子どもの自立を妨げる結果にもなってしまいます。

5．子どもの発達過程を踏まえた育成支援における配慮事項

> 　放課後児童支援員等は、子どもの発達過程を踏まえ、次に示す事項に
> 配慮して子ども一人ひとりの心身の状態を把握しながら、集団の中での
> 子ども同士の関わりを大切にして育成支援を行うことが求められる。

　放課後児童クラブは、子どもにとって遊びの場であり、生活の場です。学校から放課後児童クラブに来所する子ども一人ひとりに目を向けると、「今日はこんな遊びをしよう」と思っている子ども、「ああ疲れた」と言いながらやってくる子ども、明日までに仕上げる宿題を心配している子ども、おなかを空かせている子ども等々、個々の子どもの心身の状態は様々です。

　その上、児童期の子どもは、自己表現が多少なりとも複雑になります。放課後児童支援員等の「お帰り」の言葉に対して、皆が「ただいま」と元気よく応えるわけではないし、その時の心身の状態をすぐには話さないこともあります。照れてみたり、ふざけてみたり、すねてみたりという具合に、それぞれの子どもの表現は複雑です。それらを受け止めながら、一人ひとりをあたたかく迎えるところから、育成支援が始まります。

　小学1年生から6年生までを見ると、違いの大きさに気付くでしょう。体格はもちろんのこと、給食の量も違うし、学習内容や宿題も違いは大きいものです。興味も違うので、話題の差も大きいものです。放課後児童支援員等には豊富な話題に対応できることが求められます。

　児童期は次第に保護者から自立していく過程にあります。児童期前半では、保護者に何でも話していたのが、児童期後半では、保護者には内緒で友達に話すのが楽しくなっていくなどの変化が見られます。こうした自立しつつある子どもと保護者との間に立ち、双方の信頼を支え、高めるのも、放課後児童支援員等の役割です。

（1）おおむね6歳〜8歳の子どもへの配慮

○　幼児期の発達的特徴も見られる時期であることを考慮する。

○　放課後児童支援員等が身近にいて、子どもが安心して頼ることのできる存在になれるように心掛ける。

○　子どもは遊びに夢中になると時間や場所を忘れることがある。安全や健康を管理するために子どもの時間と場所に関する意識にも目を届かせるようにする。

学校に就学した子どもは、学習においても遊びにおいても生活においても、今までできなかったことができるようになる経験を一つひとつ積み上げていきます。この経験は、教師や保護者や放課後児童支援員等から認められて、子ども自身の誇りや自信へと結びついていきます。

ここで、できるようになる前にはできない自分と向き合う時間があるということに留意しなければなりません。字がうまく書けるようになる前にはなかなかうまく書けない時間があります。一輪車を乗りこなせるようになる前には、何度も失敗を繰り返すことでしょう。その時は、「悔しいし、情けないし、先にできるようになった友達が羨ましいし……」という具合に、次々と負の感情に見舞われます。保護者や放課後児童支援員等はこのような場合、子どもを見守ることも必要です。子どもからすると、教えられることにも見守られることにも意味があり、やがてそれができるようになっていくことで自信につながっていきます。

6歳〜8歳の時期は、依存しつつ自立していくという特徴が顕著です。些細なことで泣き始めたり、抱っこしてもらいたがったりと、幼児期に戻ったかのような姿も見られます。このような時、子どもは大人に見守られることで、自らの誇りを支えに努力し、課題を達成し、自信を深めていくことができます。

この時期は、その後の時期と比べると、大人の評価に依存した時期だといえます。また、この時期はものや人に対する興味が広がり、遊びの種類も多様になっていき、好奇心や興味が先に立って行動することが多く見られます。

物事を子どもだけで判断しようとするのは困難なことも多く、必要に応じて大人や年上の子どもの援助が求められます。

（2）おおむね9歳～10歳の子どもへの配慮

> ○　「9、10歳の節」と呼ばれる発達諸領域における質的変化を伴うことを考慮して、子どもの意識や感情の変化を適切に捉えるように心掛ける。
> ○　同年代の仲間との関わりを好み、大人に頼らず活動しようとする、他の子どもの視線や評価に敏感になるなど、大人に対する見方や自己と他者への意識や感情の発達的特徴の理解に基づいた関わりをする。

　子どもによって達する年齢にかなり違いがありますが、おおむね小学4年生頃に、「9、10歳の節」といわれる言語や認識や社会性等種々の面での質的な変化が認められます。例えば、ものの大きさや重さは知覚することができイメージしやすいものなので、6歳頃から理解可能になります。一方で、密度は2つのものの比率に関わるので、それを理解するためには抽象的な思考が必要です。そして、物質の単位体積当たりの質量という概念について、あらゆる物質を通じて考えるというのはもっと先の課題です。

　こうした抽象的な概念に基づく思考は長い年月をかけて発達するものであり、教えたからすぐわかるというものではありません。放課後児童支援員等は、子どもの言葉や思考を丁寧に受け止めながら、その成長を見守る必要があります。

　9歳～10歳の子どもは、見通しや計画性が育っていきます。保護者や大人に決められたとおりに行動するのではなく、自分の見通しや計画に従って行動するようになります。「危ないから行ってはいけない」と言われると、行って自分で確かめてみたくなる子どももいます。「もう夜の9時だから寝なさい」と言われても、やりたかったことをやり終えてから寝たいと思うこともあります。こうしたことは一見生活の乱れのようにも見えますが、言われたままの生活から自分で選んだ生活への切替えの時期ともいえます。

9歳～10歳の子どもは、同年代の仲間との関わりを好み、大人に頼らず活動しようとします。また、大人より他の子どもの視線や評価に敏感になっていきます。ドッジボール等の集団対抗遊びでは、自分が当てたとか当たったとかだけでなく、所属するチームの勝ち負けを考えるようになります。自分の都合より集団全体の利益を考えられるようになったり、6歳～8歳（低学年）の子どもからの信頼を得て、まとめ役を担うようになったりしていきます。しかし、たとえ遊びの中だけのことであったとしても自己犠牲的な行動をとることはなかなか困難です。むしろ集団からは脱出してもっと自由に振る舞いたいという子どもも現れます。

　9歳～10歳にかけて子どもの行動はより多様化していくことに、理解と配慮が求められます。

（3）おおむね11歳～12歳の子どもへの配慮

○　大人から一層自立的になるとともに、子ども同士の個人的な関係を大切にするようになるなどの発達的特徴を理解することに努め、信頼に基づく関わりを心掛ける。

○　ある程度、計画性のある生活を営めるようになる時期であることを尊重し、子ども自身が主体的な遊びや生活ができるような関係を大切にする。

○　思春期・青年期の発達的特徴が芽生えることを考慮し、性的発達を伴う身体的発育と心理的発達の変化について理解し、適切な対応をする。

　11歳～12歳（高学年）になると特定の友達との関係が大切になります。保護者に話さないことも友達には話すようになり、親しい子ども同士での秘密の共有が始まります。子どものプライバシーの発達を尊重した関わり方が、放課後児童支援員等に求められます。

　多様な時間概念が形成されるので、限られた時間をどのように使って遊ぶのか、1日の学習時間と遊び時間の配分をどうするのか、1週間や1か月単位の勉強計画をどのように立てるのか、夏休みや冬休み、春休みをどのよう

に過ごすのか、1年後の宿泊旅行をどのように準備するのか等々を考えることができるようになります。こうした計画性は、以前の年齢に比べて格段と進歩してきますので、11歳～12歳の子どもは保護者や放課後児童支援員等にとって頼りになる相談相手になったり、放課後児童クラブの中で重要な役割を担ったりすることもあるでしょう。ただし、計画を考えたとしても、実際にその計画どおりに課題を達成するには大変さを伴うこともあるので、相談等の際には放課後児童支援員等や保護者の配慮が必要です。

　11歳～12歳は、第2次性徴が始まる時期（女子は男子より早い）で、心身の変化を伴い、子どもは自身の身体をはじめいろいろなことに対して不安を感じます。子どもは、ある時は自身の性を受け入れなかったり、ある時は他の子どもとの発育の違いに悩んだり、ある時は保護者に批判的な態度をとったりします。また、性的発達には、女性や男性が置かれている文化的・社会的状況も大きく影響します。放課後児童支援員等は、大人としてこうした影響も考慮しながら、これから大人になりゆく子どもを受け止めることが必要です。

　年齢の異なる子どもが一緒に生活する放課後児童クラブでは、遊びへの参加、行事の決め方、片付けや掃除の仕方等々を巡って、子ども同士のけんか等が起こることがあります。「勝手だ」「ずるい」「えこひいき」等々の表現で言い争いが展開します。6歳～8歳（低学年）ではやりたいことのすれ違いが多く、それぞれの言い分を聞いていくと解決することもあります。9歳～10歳（中学年）から11歳～12歳（高学年）になると、単なる個人的主張ではなく、「男女を平等に扱ってほしい」「子ども達を尊重してほしい」といった社会的な主張に至ることがあります。それは自由や平等、民主主義や権利の意識であり、今日の社会において欠かすことのできない大切な考え方です。そこには大人にとっても未解決の課題も含まれています。生活の中で生起する様々な出来事に際して、大人はどちらが正しいのか決めつけるのではなく、謙虚な態度で子どもに接し、子どもの意見に真摯に耳を傾けることが必要です。

（4）遊びと生活における関わりへの配慮

子どもの遊びへの関わりは、安全の確保のような間接的なものから、大人が自ら遊びを楽しむ姿を見せるというような直接的なものまで、子どもの発達や状況に応じた柔軟なものであることが求められる。また、その時々の子どもの体調や気分によって、遊びの選択や子ども同士の関わり方が異なることを理解することも必要である。

子どもは時に大人の指示を拒んだり、反抗的に見える態度をとったりすることもある。子どもの言動の背景を理解することが求められる。

子どもが放課後児童クラブの中でお互いの役割を理解し合って生活していくためには、子ども同士の中での自律的な関係を認めつつ、一人ひとりの意識や発達の状況にも十分に配慮する必要がある。

子どもの日々の活動は、大きく、遊びと学習と生活に区分することができます。遊びは子どもにとって最も自主的な活動であり、面白ければ継続しますし、つまらなければ止める活動です。こま回しやあやとり、かくれんぼやおにごっこ等、子どもが没頭する遊びの背景には文化的伝承があります。人類の歴史を通じて世界各地で様々な遊びが工夫され、創造されてきました。こうした遊び文化の伝承は、子どもの遊びを発展させる上で必須の条件です。大人は子どもに多様な遊びを提供し、その楽しさを伝えていく責任があります。大人を介した伝承と子どもによる再創造とは、補い合ったり対立したりしながら発展していきます。

子どもは、学校に就学すると、読み書きや計算の基本的な技能を習得し、自然や社会に関する基礎的な知識を得ていきます。そうした学習を通じて、子どもは書き言葉や論理的・科学的な思考を発達させていきます。また、学習においては「できる」前には「できない」時間を、「わかる」前には「わからない」時間を経験します。そして、今はできなくともやがてできるし、今はわからなくてもやがてわかるという確信が生まれていくのです。そして、それは、生活場面での様々な自発的な学習につながっていきます。なお、このような経験を経ないままで知識の詰め込みや他の子どもとの比較が行われる

と、子どもは自信を失い、自己に対して否定的な態度をとるようになります。

　生活は、睡眠と覚醒、食事と排泄、活動と休息といったそれぞれに性質の異なる２つの相から構成されます。この２つの相の交替は、子どもというよりは主に社会の事情によってもたらされます。就寝時間や食事時間等は、保護者の生活時間（労働等を含む）によって制約されますが、学校はあらかじめ開始時刻が決まっていて、それに合わせられるよう生活することが求められます。

　放課後児童クラブは、学校での生活の後に続く放課後の子どもの遊びと生活を保障し、保護者の就労等と家族の生活を可能にするところです。子どもは、学校からかなりの緊張や疲労を抱えて放課後児童クラブに帰ってきます。子どもにとって、ほっとするひと時が貴重です。おやつを食べながらよもやま話をする時間は、家族の団らんに匹敵するような大切な時間です。

　放課後児童クラブでは、子どもや保護者の努力を身近に感じ、子どもの成長を発見することができます。時には、子どもの言動に戸惑うこともあれば、それまでの関わり方に迷いが生じることもあるでしょう。だからこそ、放課後児童支援員等は、日々の気付きを大切にして育成支援を振り返る時間を持つ必要があります。そして、放課後児童クラブにおける休息、遊び、自主的な学習、おやつ、文化的行事等を含む子どもの生活全般を通して子どもの示す行動の意味を理解し、家庭や学校、地域社会及びそれを取り巻く文化的・社会的状況の変化を踏まえながら、子どもの発達について大局的な見通しを持つことが大切です。

第3章　放課後児童クラブにおける育成支援の内容

　この章は、育成支援を行うに当たって、子どもが主体的に過ごし一人ひとりと集団全体の生活を豊かにしていくために必要となる育成支援の具体的な方法や、障害のある子ども等に適切に対応していくために留意すべきこと、保護者との信頼関係の構築等の内容を記述しています。解説では、「育成支援の内容」で育成支援の全般的特徴と９項目にわたる留意事項を示した後、「障害のある子どもへの対応」「特に配慮を必要とする子どもへの対応」「保護者との連携」について示しています。また、「育成支援に含まれる職務内容と運営に関わる業務」では、「育成支援に含まれる職務内容」と「運営に関わる業務」を区分して示しています。

1．育成支援の内容

> （1）放課後児童クラブに通う子どもは、保護者が労働あるいは疾病や介護等により授業の終了後の時間帯（放課後、学校休業日）に子どもの養育ができない状況によって、放課後児童クラブに通うことが必要となっているため、その期間を子どもが自ら進んで通い続けるためには、放課後児童支援員等が保護者と連携して育成支援を行う必要がある。

◇　放課後児童クラブに通う子ども

　放課後児童クラブは、児童福祉法第６条の３第２項（放課後児童健全育成事業）を根拠とした事業です。本事業の対象は学校に就学している子どもであって、その保護者が労働等により昼間家庭にいない子どものほか、保護者の疾病や介護・看護、障害等により昼間家庭での養育ができない子どもです。

　保護者は、それぞれの養育環境や家庭の事情に応じて、その家庭が必要とする期間、子どもを放課後児童クラブに通わせることになります。そのため、放課後児童クラブでは、子どもが放課後児童クラブに通うことの必要性を理解し、自ら進んで通い続けることができるように、家庭と連携して育成支援

を行うことが求められます。

◇　保護者との連携

　子どもが自ら進んで放課後児童クラブに通い続けるためには、放課後児童クラブでの子どもの様子を保護者に伝え、保護者と連携して育成支援を行う必要があります。これは、育成支援の基本的な役割ともいえる大切なことです。

　放課後児童クラブにおける子どもの様子を保護者に伝え、日常的な情報交換を行うことを通じて子どもを見守る視点を保護者と放課後児童クラブとで補い合うことは、保護者が安心して子育てと仕事等とを両立できるよう支援することにもつながります。

> （2）放課後児童クラブは、年齢や発達の状況が異なる多様な子ども達が一緒に過ごす場である。放課後児童支援員等には、それぞれの子どもの発達の特徴や子ども同士の関係を捉えながら適切に関わることで、子どもが安心して過ごせるようにし、一人ひとりと集団全体の生活を豊かにすることが求められる。

　放課後児童クラブでは、年齢の異なる子どもが同じ場所で一緒に過ごす時間が多くあります。運営指針も、そのような状況での育成支援を想定しています。

　放課後児童支援員等には、年齢や発達の状況が異なる子どもが一緒に過ごす中で、それぞれの子どもの発達の特徴や子ども同士の関係を捉えながら、一人ひとりと集団全体の生活を豊かにできるよう育成支援を行うことが求められます。

> （3）子どもの発達や養育環境の状況等を把握し、子どもが発達面や養育環境等で固有の援助を必要としている場合には、その援助を適切に行う必要がある。

　育成支援を行うに当たっては、子ども一人ひとりについて、その発達の状

況や養育環境の状況等を把握することが必要です。このためには、保護者との日常的な情報交換や育成支援の場面を通じての気付き等が求められます。

　その際、子どもが発達面や養育環境等で特に配慮が必要であるなど固有の援助を必要としている場合には、子どもの状況に応じた適切な育成支援のあり方を考える必要があります。なお、「障害のある子ども」「特に配慮を必要とする子ども」の育成支援については、この章の「２．障害のある子どもへの対応」及び「３．特に配慮を必要とする子どもへの対応」で解説しています。

> （４）子どもにとって放課後児童クラブが安心して過ごせる生活の場であり、放課後児童支援員等が信頼できる存在であることを前提として、放課後児童クラブにおける育成支援には、主に次のような内容が求められる。

　放課後児童クラブの生活の中では、次のような活動が行われます。

◇遊ぶ……放課後児童クラブにおける遊びは、１人で遊ぶ、数人で遊ぶ、大勢で遊ぶなど遊びの内容や遊びの中での子どもの関係も様々です

◇くつろぐ……疲労の回復や気分転換のための休息、子ども同士の語らいの団らん等

◇生活に必要なことをする……身の回りの整理整頓、衣類の調整、清潔の維持、おやつや学校休業日の昼食等

◇自主的に学習をする……宿題、自習等の学習活動等

◇集団で生活するために必要なことをする……集団での生活を維持するための係活動・当番活動、遊び場の清掃等の地域活動

◇静養する……病気になったりケガをしたりした時、気持ちを鎮める必要がある場合等に一時的に安全で安心できるところで心身を休めるなど

◇年度初めの新たな出会いや年度末の別れの際等の子ども達の生活の節目に行う行事や季節の行事、表現活動や鑑賞等の文化的な活動等の取組をする

　以下に、このことを考慮して、子ども一人ひとりと集団全体の生活を豊かにしていくための育成支援の留意点を、９項目にまとめて示します。

　なお、放課後児童クラブで育成支援を行う際に、放課後児童支援員等が子どもや保護者にとって信頼できる存在であることを制度として保障するために、基準第10条第3項各号のいずれかに該当する者であって、都道府県知事が行う研修を修了したものを放課後児童支援員としています。そして、基準第10条第1項では、「放課後児童健全育成事業者は、放課後児童健全育成事業所ごとに、放課後児童支援員を置かなければならない」とされ、放課後児童支援員としての資格を有する者を放課後児童クラブに配置することが定められています。

①　子どもが自ら進んで放課後児童クラブに通い続けられるように援助する。

> ・放課後児童クラブに通うことについて、その必要性を子どもが理解できるように援助する。

　放課後児童支援員等は保護者と共に、子どもの心情に配慮しながら、放課後児童クラブに通うことの必要性を子どもに伝えて理解を促し、子どもが自ら進んで放課後児童クラブに通い続けられるように援助することが必要です。

　入所当初等は、初めて通う場所で何をして過ごせばよいのかわからないことに不安を感じる子どももいます。放課後児童支援員等には、子どもが放課後児童クラブでの過ごし方について理解できるように、子どもの様子を細やかに把握して丁寧に関わることが求められます。

　また、放課後児童クラブに通う意味を理解しても、通い続ける中で子どもに様々な出来事や気持ちの揺れが起きることもあります。放課後児童支援員等は、その時々の子どもの様子に細やかに対応しながら、援助を行う必要があります。

・放課後児童支援員等は、子どもの様子を日常的に保護者に伝え、放課
後児童支援員等と保護者がお互いに子どもの様子を伝え合えるように
する。

　放課後児童クラブから子どもの様子を日常的に保護者に伝えることは、保
護者が育成支援の内容を理解する手助けになり、保護者が家庭での子どもの
様子を放課後児童クラブに伝える関係を築くことにつながります。連絡帳や
保護者の迎えの際の連絡等を通して、子どもの様子を日常的かつ継続的に保
護者に伝え続けることを育成支援の中に位置付けて取り組むことが必要です。
　そして、放課後児童支援員等と保護者がお互いに子どもの様子を伝え合い、
子どもを見守るための視点を補い合いながら、子どもの育成に協力して取り
組む環境をつくることが望まれます。

・子どもが放課後児童クラブに通うことに関して、学校と情報交換し、
連携する。

　放課後児童クラブは、子どもの安全や生活の連続性を保障するために、毎
日の子どもの下校時刻や学校の行事等の予定、学校から放課後児童クラブま
での子どもが通う経路や放課後児童クラブからの帰宅経路における緊急時の
連絡方法、災害や感染症発生時等の緊急時対応に関する連絡・協力等につい
ても、学校と情報交換し、連携できるようにすることが求められます。
　学校との情報交換を円滑かつ確実に進めるためには、保護者から学校の担
任教諭に子どもが放課後児童クラブに在籍していることを伝えてもらうな
ど、保護者の理解と協力も望まれます。学校との連携の必要性や情報共有に
おける留意点については、第5章「1．学校との連携」でも解説しています。

・子どもの遊びや生活の環境及び帰宅時の安全等について、地域の人々
の理解と協力が得られるようにする。

　放課後児童クラブでは、子どもの遊びや生活の多くが地域の中で行われま
す。また、子どもが学校から学校外の放課後児童クラブに来所する時や、放

課後児童クラブから帰宅する時も地域との関わりを持ちます。子どもの遊び
や生活の環境及び帰宅時の安全等を守るためには、地域の人々の理解と協力
が必要になります。

　放課後児童クラブは、地域の実情の把握に努めるとともに、地域組織や子
どもに関わる関係機関等に放課後児童クラブの育成支援の内容や日々の子ど
もの生活の様子を伝え、地域の人々の理解と協力が得られるような関わりを
築いていく必要があります。このことは、子どもの活動や交流の場を地域の
中に広げることにもつながります。

②　子どもの出欠席と心身の状態を把握して、適切に援助する。

> ・子どもの出欠席についてあらかじめ保護者からの連絡を確認しておく
> 　とともに、連絡なく欠席したり来所が遅れたりした子どもについては
> 　速やかに状況を把握して適切に対応する。

　子どもの安全と保護者の安心を確保するとともに、放課後児童クラブでの
育成支援に見通しが立てられるように、子どもの出欠席については、保護者
からの連絡をあらかじめ確認しておく必要があります。その際、当日の変更
についても確認できるようにすることが必要です。

　子どもは、時に学校から放課後児童クラブに来る途中で寄り道をするなど
して来所が遅くなってしまうことや、連絡なく欠席してしまうこともありま
す。子どもが保護者からの連絡なく欠席したり来所が遅れたりした場合には、
速やかに状況を把握して適切に対応することが求められます。出席する予定
の子どもが予定の時刻を過ぎても連絡がないまま来所しない場合は、同じク
ラスの子ども等にその子どもの下校時の様子等を聞き、必要に応じて学校に
も尋ねます。そして、連絡なく欠席していることがわかった時は、速やかに
保護者に連絡をします。

　保護者には事前に、このような緊急時には速やかに保護者に連絡をとるこ
とを伝えておきます。所在が把握できず、探すことになる場合もあるため、
その際の対応をあらかじめ検討し、職員間で共有しておくことも必要です。

なお、子どもには、自分の判断だけで欠席しないことを理解できるように
説明することが必要です。また、子どもの判断で欠席することがあった場合
には、欠席したことの背景にある子どもの気持ちや状況を把握することに努
め、保護者と協力して対応を図っていくことも大切です。

> ・子どもの来所時には、子どもが安心できるように迎え入れ、子ども一
> 　人ひとりの心身の状態を把握する。

　子どもが安全に過ごせるように、施設設備や遊具等の安全点検、整理整頓、
清掃等は、毎日子どもが来所する前までに行う必要があります。そして、来
所時には、放課後児童支援員等から声をかけるなど、子どもが安心できるよ
うに迎え入れることが望まれます。
　来所する子どもの状況は様々です。迎え入れる際の子どもとの会話や表情
等に気を配ることは、その日の子どもの様子を把握する上でとても大切です。
なお、来所時の子どもの心身の状態がいつもと異なることに気付くために
は、一人ひとりの子どもの普段の健康状態や心身の状態についての特徴を把
握し、放課後児童支援員等の間でその情報を共有しておく必要があります。

〈コラム〉　　　　　　来所する子どもの様子の変化に気付く

　子どもの普段の健康状態や心身の状態等を把握し、来所時の子どもの様
子に細やかに目配りすることによって、その日の子どもの心身の状態の変
化等を把握することが可能になります。来所する子どもの様子の変化に細
やかに気付くために求められる取組や視点について、以下にいくつかの具
体的な例を紹介しますので、参考にしてください。

《子どもの様子を把握する》
●子どもの普段の体調と情緒が安定している時の状態を把握し、その情報
　を放課後児童支援員等の間で共有しておく。

●子どもの最近の来所時の様子や前日の様子、体調等について、打合せの際に伝え合う。

●来所時の子どもの様子に目を配る。

《子どもの様子の変化に気付く》

●一緒に帰ってくる子どもがいつもと異なる（いつもは一緒に帰ってくるのに、今日は別々に帰ってきた）。

●来所時の様子や子ども同士のやりとりにいつもと異なる雰囲気がある。

●来所直後の行動がいつもと異なっている（ランドセルを置いたり、連絡帳を出したりする行動がいつもより乱暴・遅いなど）。

●いつもは話しかけてくる子どもが、放課後児童支援員等に顔を向けようとしない。

・遊びや生活の場面における子どもの状況や体調、情緒等を把握し、静養や気分転換が必要な時には適切に対応する。なお、病気やケガの場合は、速やかに保護者と連絡をとる。

　放課後児童支援員等には、日常の遊びや生活の様子、保護者との連絡等を通して子どもの様子を把握し、子どもの情報について職員間で共有しておくことが求められます。また、一緒に遊ぶ、会話をするなどの日常の子どもとの関わりの中から、子ども一人ひとりの状況や体調、情緒等を把握することが望まれます。

　静養や気分転換が必要なことに気付いた時には、時機を逸さず対応することが求められます。また、病気やケガの場合は、状態を把握し、速やかに保護者と連絡をとることが必要です。

③ 子ども自身が見通しを持って主体的に過ごせるようにする。

> ・子どもが放課後児童クラブでの過ごし方について理解できるようにし、主体的に生活できるように援助する。

　放課後児童クラブでの過ごし方は、できるだけ簡潔でわかりやすいものとし、子どもが理解できるようにする必要があります。そのためには、来所時や帰宅前に行うこと、集団での生活を円滑に進める上で協力して取り組むべきこと（片付け、整理整頓、係や当番活動等）、遊びやおやつ等の時間や生活の場面での決まりごと等、生活時間と生活全体の見通しを立てる上で必要なことについて、子どもと話し合いながら決めていくことが求められます。

　子どもが主体的に生活できるようにするためには、子どもと一緒に遊びや生活の流れや内容を組み立て、折々に工夫・改善しながら過ごし方を考えていくことも望まれます。

> ・放課後児童支援員等は、子ども全体に共通する生活時間の区切りをつくり、柔軟に活用して子どもが放課後の時間を自己管理できるように援助する。

　放課後児童クラブでは、学年ごとの下校時刻や、学校の行事による子ども達の様子の変化を考慮して、無理のない過ごし方となるよう配慮しながら、室内遊びや屋外遊び、おやつ、自主的な学習活動等、遊びや生活内容ごとのおおまかな生活時間の区切りをつくることが求められます。そして、それを子どもと共有して活用することにより、子どもが見通しを持って過ごせるよう援助することが望まれます。

　生活時間の区切りは、子どもが生活する姿を念頭に置きながら、無理なく過ごせるように組み立てます。その際、子どもが放課後児童クラブでの生活に見通しを立てることができ、集団の中での過ごし方についても自分自身で考えられるように工夫する必要があります。そのためには、それぞれの時間に何をするのか、なぜ区切りが置かれているのかを子どもにわかりやすく伝えるとともに、時には、子どもが納得して過ごせるように、話し合って改善

していくことも大切です。

> ・放課後児童クラブにおける過ごし方や生活時間の区切り等は、保護者
> にも伝えて理解を得ておく。

　放課後児童クラブにおける過ごし方や生活時間の区切り等は、保護者にも
伝えて理解を得る必要があります。年度の初めに伝えるだけでなく、春休み、
新学期（特に1年生の過ごし方等）、夏休み等、過ごし方や生活時間の区切
り方が変わるごとに通信や保護者会等を活用して丁寧に伝えることが大切で
す。特に放課後児童クラブに初めて子どもを通わせる保護者は、子どもがど
のような生活をしているのか等について心配になることがあります。保護者
の安心のためにも、放課後児童クラブにおける過ごし方や生活時間の区切り
等は、すべての保護者に随時伝えることが望まれます。

④　放課後児童クラブでの生活を通して、日常生活に必要となる基本的な生
　活習慣を習得できるようにする。

> ・手洗いやうがい、持ち物の管理や整理整頓、活動に応じた衣服の着脱
> 　等の基本的な生活習慣が身に付くように援助する。
> ・子ども達が集団で過ごすという特性を踏まえて、一緒に過ごす上で求
> 　められる協力及び分担や決まりごと等を理解できるようにする。

　子どもが放課後児童クラブでの生活を通して習得する基本的な生活習慣に
は、健康や衛生に関すること（手洗い、うがい、衣服の着脱等）、子どもの日
常生活に関すること（持ち物の管理、片付け、整理整頓等）、放課後児童クラ
ブでの生活に関すること（集団生活を維持するための活動を分担・協力して
取り組むこと等）があります。そのそれぞれについて、放課後児童支援員等は、
子どもが放課後児童クラブにおける生活を通して身に付けることができるよ
うに援助することが求められます。その際には、一人ひとりの発達の状況に
応じた援助を心掛けるとともに、その必要性を子ども自身が納得し、取り組
みやすい環境の中で身に付けていけるように工夫することも望まれます。

また、集団生活を維持するための活動に分担・協力して取り組む際には、それぞれの子どもが取り組んでいることを全員に知らせて、お互いのことを理解できるようにする機会を設けたり、定期的にその内容の改善について話し合ったりすることも望まれます。

〈コラム〉　　　　基本的な生活習慣が身に付くように援助する

　放課後児童クラブでの生活を通して基本的な生活習慣を習得できるように援助する際には、子ども一人ひとりの発達の状況に応じた援助を心掛けるとともに、子どもが取り組みやすいよう環境を工夫することが望まれます。このような配慮・工夫について考える上でのヒントとして、以下にいくつかの具体的な例を紹介しますので、参考にしてください。

● 子どもが気温の変化に応じた衣服の着脱や、汗をかいた際などの着替えの習慣を身に付けるためには、子ども自身が不快な状態に気付き、どのようにしたら気持ちよく過ごせるかを体験し理解する必要があります。遊びに夢中になり気付かない時や、自分で体調管理ができない場合は、「暑かったら1枚脱ごう」「寒かったら上着を着よう」「汗をかいたら着替えよう」等と具体的に伝えます。
● 遊びの後片付けは、その時々の子どもの状況や遊び道具の状態によっては、声をかけるだけでははかどらないことがしばしばあります。時には子どもと一緒に片付けを行うことによって、子どもが片付けの手順を覚え、最後までやり遂げられるように援助します。
● 自分の持ち物（ランドセルや手提げ、靴等）を、所定の場所にしまうことの必要性について、子ども達に丁寧に伝えるようにします。例えば、次のようなことが挙げられます。
　▶ 玄関や室内が整頓されていると、皆が心地よく過ごせる。

> ➤ランドセルがロッカーにしまわれていなかったり、靴が脱ぎっぱなし
>   の状態では、自分の持ち物がわからなくなって困ることがある。
> ➤自分の持ち物を片付けないでいると、集団で生活をしていく上で他の
>   子どもにも迷惑をかけることになる。
> ➤緊急時等の避難の邪魔になる、靴がすぐに履けないなどで迅速な行動
>   ができなくなる場合もある。
> ●室内のレイアウトを工夫する、遊び道具等の出し入れがしやすいように
>   収納を工夫する、置き場所をわかりやすくするなどの配慮をして、子ど
>   もが持ち物の管理や遊び道具等の整理整頓をスムーズに行えるようにし
>   ます。また、屋外で遊べない雨天時等には、室内での過ごし方を工夫し
>   たり、あらかじめ室内遊びの準備をしておくなどをして、子どもが落ち
>   着いて室内で過ごせるような環境を整えます。

⑤　子どもが発達段階に応じた主体的な遊びや生活ができるようにする。

> ・子ども達が協力し合って放課後児童クラブの生活を維持していくこと
>   ができるようにする。その際、年齢や発達の状況が異なる子ども達が
>   一緒に生活していることを考慮する。

　子どもが生活の中でできること・やりたいことは、年齢や発達の状況によっ
て異なります。

　年齢や発達の状況が異なる子どもが一緒に過ごす中では、お互いが「まね
をしたり、見守ったり、待ったり、手助けしたりする」等のことが可能にな
ります。その一方で、遊びへの参加、行事の決め方、片付けや掃除の仕方等々
を巡って、子ども同士の意見の対立等が起こることもあります。また、年下
の子どもに合わせて過ごし方が制約される場面が生じるなど、子ども同士が
お互いの状況に合わせざるを得なくなる場面もあります。放課後児童支援員
等には、子ども一人ひとりの思いに配慮しつつ、子どもがお互いを尊重しな
がら協力し合える関係を築けるように援助することが望まれます。

> ・子どもが仲間関係をつくりながら、自発的に遊びをつくり出すことが
>   できるようにする。

　子どもが遊びの中で関わる仲間や遊びの内容は多様です。遊びの中で、子どもは、他者と自身の共通性や違いに気付くとともに、自身の欲求と他者の欲求を同時に成立させるすべを見出し、集団での遊びを継続できるようになります。そのような過程を経る中で、お互いの遊びや遊び仲間を認め合い、仲間関係をつくり、広げていきます。

　放課後児童支援員等は、子どもが仲間関係を作り出せるように関わりを工夫し、自発的に遊びを展開できるように援助することが求められます。

　また、子どもが遊びに集中したり、ゆっくりくつろいだりできる場所や、思いきり動いたり、時には隠れたりする場所等、活動場所に多様さがあることによって、子どもの自発的な遊びの幅はより広がっていきます。年齢や発達の状況、その時々の心身の状態にも応じて、子ども自身が遊びを自由に選択できるような環境を整えることも望まれます。

〈コラム〉　　　　　　　　遊びの場面での関わりの工夫

　子どもの遊びを豊かにするための工夫に、放課後児童支援員等が遊びにできるだけ多様な関わり方をできるようにすることがあります。そのためには、遊びへの関わり方を実際の場面から次のように分けて考えてみることが役立ちます。

● 遊び相手になる
　➤ 遊び相手になる子どもの人数や遊びの内容等によって、対応は様々に
　　変化します。
● 遊び仲間の一員になる
　➤ 一緒に、ごっこ遊びをする、おにごっこをするなど。子どもと同じよ

うに役割を分担したり、一緒に遊んだりします。なお、このことは、「一緒に遊びながら遊びをリードする」こととは区別することが必要です。

- **一緒に遊びながら遊びをリードする**
  ➤子どもがその遊びのルールやコツを身に付けていない時に、遊びの中に入って、遊びの楽しさを損なわないようにリードします。
- **遊びを工夫する方法を示す**
  ➤同じ遊びに飽きたり、遊びの人数が変わったりする時等に、アイディアを出したり、一緒に考えたりします。
- **子どもの知らない遊びを紹介する。遊びに必要な技術や知識を教える**
  ➤様々な遊びを調べるなどして、新しい遊びを子どもに紹介します。伝承遊びの中で、技術や知識が必要なものを伝えます。
- **遊びのそばにいて、楽しく安全に遊べるようにする**
  ➤子どもに頼まれて審判をする、同じ場所で異なる遊びが進行している時に遊びがぶつかり合わないようにするなどがあります。
- **上記の関わりと併せて、「その遊びの安全が確かめられる場合には、大人がその場を離れることによって、信頼していることを伝えて、子ども達だけで遊べるようにする」「子どもが遊ぶきっかけになったり、遊び始めたりするような環境を準備しておく」等の配慮もあります。**

　遊びの場面では、大人の関わり方が遊びの中での子どもの心理に大きな影響を与えるということも考慮しましょう。その際、子どもは大人が自分達の遊びのそばにいることを気にして不安に感じることもあるということに気を配り、「なぜそこにいるのか」を子どもにわかるように簡潔に伝え、子どもが安心して遊びに没頭できるようにすることが大切です。

・遊びや生活の中で生じる意見の対立やけんかなどについては、お互いの考え方の違いに気付くこと、葛藤の調整や感情の高ぶりを和らげること等ができるように、適切に援助する。

　遊びや生活の中では、子ども同士の意見が一致しなかったり、わがままがぶつかり合ったり、感情の高ぶりをコントロールできなくなったりして、けんかになることもあります。けんかのきっかけとなる様々な関係、いろいろな感情を知り、そこから仲直りの方法を見つけていく過程は、子どもにとって大切な学びの機会ともなります。

　子どものけんかへの適切な対応を考えていく上では、それがどのような関わりの中で起こるのかを理解することが必要です。放課後児童クラブでの子どものけんかは、遊びや生活の中に存在する様々な場面や感情から生じます。放課後児童支援員等は、けんかを解決することのみを優先させるのではなく、お互いの思いを受け止めた上で、子どもの発達の状況等にも配慮しながら、お互いの考え方の違いに気付くこと、葛藤の調整や感情の高ぶりを和らげること等ができるように援助することが求められます。その際には、お互いの考え方の違いやそれぞれの子どもの気持ちを認め合えるようにするなどの丁寧な関わりが望まれます。

〈コラム〉　　　　　　　　　　子どものけんか

　子どものけんかへの対応には、けんかのきっかけになった子ども同士の関係や感情とその収束過程を知ることが役立ちます。放課後児童クラブで起きている子どものけんかが、どのような場面や感情の揺れで起きているのか、どのような過程で収束しているのかを観察した以下の例を参考にしてください。

70

●場面から見たきっかけ

➤ルールを破る・ルールを勝手に変える（ずる）、おもちゃ・人・役割等の取り合い、夢中になりすぎる、ひいき、当て付け、優先順位（順番）、勝手な命令、度を超した競争心、ねらい打ち（一人ねらい）、ちょっかい、嫉妬、反発・反抗、出会い頭のぶつかり、侮蔑（名前や容姿、持ち物等）、……等

●感情の場面から見たきっかけ

➤その場その時（カッとなる、つい…、だんだん我慢できなくなる）、思い出し（過去へのこだわり・恨み、いつも…、また…、いつかは…）、わざと（わざとに違いない）、悔しい（負けたくない）、妬み（うらやましかった）、……等

　子どものけんかは、遊びや生活の中で他者と関わることによって起こるいろいろな感情がコントロールできなくなることから起きていることが多くあります。これらのことから、けんかの収束の過程には、子どもにとっての学びの機会が含まれていると捉えることができます。けんかになってしまった時、子どもは、「その時に起きた（自分の、相手の）感情を知り、その理由を考える」「相手の視点や考えの違いに気付けたり、内容を推測したりする」「仲直りの方法や手段を見つける」等の努力や工夫の過程を経て、けんかを収束させていくことができるようになります。

> ・子どもの間でいじめ等の関係が生じないように配慮するとともに、万一そのような問題が起きた時には早期対応に努め、放課後児童支援員等が協力して適切に対応する。

　いじめは、一定の人間関係にある子どもから、心理的・物理的な攻撃を受けたことによって、その行為の対象となった子どもが心身の苦痛を感じていることを指します。

子どもは、放課後児童クラブの活動においても、けんかをすることもあります。いじめにも、けんかにも、多様な形態があり、一見すると、けんかに見える行為の中にも、その子どもの感じ方によって、いじめにあたるものもあります。放課後児童支援員等は、普段から子どもたちの様子に十分注意を払い、いじめに当たる行為が行われていないか見極めることが必要です。

　放課後児童支援員等は、子どもからいじめに係る相談を受けるなどによって、いじめを発見した時には、いじめを受けた子どもの気持ちに寄り添って守り通す必要があります。また、日頃から子どもとの信頼関係を培うよう努めることが、いじめの予防と早期発見につながります。

　いじめの事実があると思われるときは、いじめを受けたと思われる子どもが在籍する学校への通報その他の適切な措置をとる必要があります。通報後、学校からいじめを受けている子どもの見守り等を依頼されることも考えられますが、その際は、学校との連携を図りながら対応することが重要です。

　放課後児童支援員等は、いじめの関係が生じないようにする上で求められる配慮、いじめの早期発見に向けて取り組むべき事項、発見した際の対応方法等について、教育委員会、学校等と連携しながら、様々な事例や文献から継続的に学ぶ必要があります。

〈関連法令・通知等〉

いじめ防止対策推進法（平成25年法律第71号）より

（定義）

第2条　この法律において「いじめ」とは、児童等に対して、当該児童等が在籍する学校に在籍している等当該児童等と一定の人的関係にある他の児童等が行う心理的又は物理的な影響を与える行為（インターネットを通じて行われるものを含む。）であって、当該行為の対象となった児童等が心身の苦痛を感じているものをいう。　②〜④　（略）

（基本理念）

第3条　いじめの防止等のための対策は、いじめが全ての児童等に関係する問題であることに鑑み、児童等が安心して学習その他の活動に取り組むことができるよう、学校の内外を問わずいじめが行われなくなるようにすることを旨として行われなければならない。

②　いじめの防止等のための対策は、全ての児童等がいじめを行わず、及び他の児童等に対して行われるいじめを認識しながらこれを放置することがないようにするため、いじめが児童等の心身に及ぼす影響その他のいじめの問題に関する児童等の理解を深めることを旨として行われなければならない。

③　いじめの防止等のための対策は、いじめを受けた児童等の生命及び心身を保護することが特に重要であることを認識しつつ、国、地方公共団体、学校、地域住民、家庭その他の関係者の連携の下、いじめの問題を克服することを目指して行われなければならない。

(いじめの禁止)

第4条　児童等は、いじめを行ってはならない。

(いじめに対する措置)

第23条　学校の教職員、地方公共団体の職員その他の児童等からの相談に応じる者及び児童等の保護者は、児童等からいじめに係る相談を受けた場合において、いじめの事実があると思われるときは、いじめを受けたと思われる児童等が在籍する学校への通報その他の適切な措置をとるものとする。　　②～⑥　(略)

・屋内外ともに子どもが過ごす空間や時間に配慮し、発達段階にふさわしい遊びと生活の環境をつくる。その際、製作活動や伝承遊び、地域の文化にふれる体験等の多様な活動や遊びを工夫することも考慮する。

　児童期になると子どもの活動範囲が広がり、子どもの遊びの内容やその規模も大きく変化します。特にこの時期の屋外での遊びは、子どもの心身を解放

し、運動能力を高めるとともに、子ども同士の遊びをより豊かなものにします。放課後児童支援員等は、子ども一人ひとりが発達段階にふさわしい遊びと生活を送ることができるよう、環境の工夫や改善等に努める必要があります。

　子どもの遊びをより豊かなものへと発展させるためには、様々な材料を加工したり組み立てたりしてものを作る・作って遊ぶことや、伝承遊びを取り入れる等の工夫も望まれます。また、地域の様々な人々との交流を通して、地域の文化等に触れるなど、様々な体験を積むことによって、放課後児童クラブに新しい遊びや多様な活動を取り入れる工夫をすることも望まれます。

- 子どもが宿題、自習等の学習活動を自主的に行える環境を整え、必要な援助を行う。

　放課後児童クラブの生活の中では、学校から出された宿題、自習等の学習活動ができる環境を整えることが必要です。

　宿題については、保護者の考えを聞き、保護者と放課後児童支援員等が共通の理解を持った上で、子どもが自主的に取り組めるようにすることが求められます。

　また、備品・図書等を設け、子どもが落ち着いて宿題、自習等の学習活動に自主的に取り組める環境を整えることも望まれます。

- 放課後児童クラブの子ども達が地域の子ども達と一緒に遊んだり活動したりする機会を設ける。
- 地域での遊びの環境づくりへの支援も視野に入れ、必要に応じて保護者や地域住民が協力しながら活動に関わることができるようにする。

　児童期は、子どもの遊びと遊び仲間の範囲が地域（主に学校区）に広がる時期です。放課後児童クラブの生活の中でも、放課後児童クラブの置かれている環境を有効に活用し、放課後児童クラブの子ども達が地域の子ども達と一緒に遊んだり過ごしたりする機会を設けることが求められます。それらの機会には、「地域の子ども達と一緒に遊ぶ機会を設ける」「放課後子供教室へ参加する」「子どもの遊び場や居場所（児童館や図書館の児童コーナー等）

に出掛ける」等が考えられます。

　また、放課後児童支援員等は、地域の中の遊びの環境やそれらに関わる事業や人々等を具体的に知り、情報を収集して、地域での遊びの環境づくりへの支援も視野に入れて取り組むことが求められます。そして、必要に応じてそうした活動に保護者や地域住民が協力しながら関わることができるようにすることが望まれます。

⑥　子どもが自分の気持ちや意見を表現することができるように援助し、放課後児童クラブの生活に主体的に関わることができるようにする。

> ・子ども一人ひとりの放課後児童クラブでの生活状況を把握しながら、子どもの情緒や子ども同士の関係にも配慮し、子どもの意見を尊重する。
> ・子どもが放課後児童支援員等に悩みや相談事も話せるような信頼関係を築く。

　放課後児童クラブでは、子ども一人ひとりの生活状況を把握して育成支援を行うことが求められます。また、放課後児童支援員等は、子どもの情緒や子ども同士の関係にも配慮し、子どもの意見を尊重することが大切です。日頃から子どもの意見に耳を傾けるよう努めるとともに、言語化されていない子どもの思いや感情にも気付けるように努力することで、子どもが悩みや相談事も話せるような信頼関係を築いていくことが望まれます。

> ・行事等の活動では、企画の段階から子どもの意見を反映させる機会を設けるなど、様々な発達の過程にある子どもがそれぞれに主体的に運営に関わることができるように工夫する。

　子どもは、自分で考えること、お互いの意見や感情に気付くこと、話合いによって意見をまとめていくこと、自分達で計画したことに責任を持って実行すること等を通して、多くのことを学んでいきます。

　放課後児童クラブで行事等を行う際には、子ども同士が意見を出し合いな

がら企画や活動をつくり上げていく機会を設けることが求められます。その際、放課後児童支援員等には、年齢や発達の状況が異なる子どもが一緒に生活していることに十分配慮した上で、一人ひとりがそれぞれの状況に応じて主体的に参加していけるような配慮や工夫をすることが求められます。

　子どもが運営に関わる行事等の活動を行う際には、まず放課後児童支援員等から子どもと保護者に活動の目的やおおまかな内容を説明することに加えて、子ども自身が運営に関わる際の段取り等も伝えておく必要があります。

　活動の企画・実施の過程においては、子どもの状況を把握して、一人ひとりが無理なく安全に参加できる活動となるように工夫することが望まれます。

⑦　子どもにとって放課後の時間帯に栄養面や活力面から必要とされるおやつを適切に提供する。

> ・発達過程にある子どもの成長にあわせて、放課後の時間帯に必要とされる栄養面や活力面を考慮して、おやつを適切に提供する。おやつの提供に当たっては、補食としての役割もあることから、昼食と夕食の時間帯等を考慮して提供時間や内容、量等を工夫する。
> ・おやつの提供に際しては、安全及び衛生に考慮するとともに、子どもが落ちついて食を楽しめるようにする。

　子どもにとっておやつは、栄養補給（補食）としての役割とともに、気分転換をし、遊びや活動のもとになる活力を充実させる働きもあります。また、おやつの時間は、子ども同士が、一緒になごやかに楽しむひと時でもあります。ゆったりとした雰囲気で仲間とともにおやつを楽しむことは、子どもにとって生活の場である放課後児童クラブにおいて、とても大切なことです。

　おやつの提供に当たっては、子どもの来所時間や夕食の時間、遊びや生活の流れ、子ども達の状態等を考慮し、おやつを提供する時間や内容、量等を考えていくことが望まれます。提供に際しては、安全及び衛生管理に万全を期す必要があります。また、おやつの内容等については、保護者に伝えることが望まれます。

> ・食物アレルギーのある子どもについては、配慮すべきことや緊急時の
>   対応等について事前に保護者と丁寧に連絡を取り合い、安全に配慮し
>   て提供する。

　食物アレルギーは、子どもの命に関わる事故を起こす可能性もあるため、危機管理の一環として対応する必要があります。放課後児童支援員等は、食物アレルギーに関する基礎知識、食物アレルギーのある子どもに対する配慮事項や緊急時に使用するアナフィラキシー症状の進行を一時的に緩和する自己注射薬である「エピペン®」の使用方法を含めた対応方法等に関する基本的な事項について継続的に学び、緊急時対応のマニュアル等を整備して全職員に周知を徹底し、子ども本人・保護者と共有しておくことが必要です。

　放課後児童クラブへの受入れ時には、すべての子どものアレルギーの有無を利用開始前までに調査する必要があります。食物アレルギーのある子どもについては、書面及び保護者との面談により、アレルギー症状を起こす食品や現れる症状、家庭での対応状況、保育所等での対応の経緯や学校での対応状況、医師の指示等、必要な事項を聞きとり、全職員で情報を共有する必要があります。

　食物アレルギーのある子どもへのおやつの提供については、それぞれの放課後児童クラブの設備や職員体制を踏まえて「代替食を提供する」「おやつを持参してもらう」等の対応方針を定めた上で、個々の子どもについての対応と配慮すべき事項について、保護者と相談しながら決めていくことが必要です。そして、その内容についても全職員に周知します。

　おやつを提供する際や子どもが食べる際には、誤配や誤食がないよう、危機管理を徹底し、確認体制を十分に整えて提供します。

　万が一、誤食があった場合には、その場で症状が現れなかった場合にも必ず保護者に伝えることが必要です。アレルギー症状が現れた場合の対応についてはマニュアルに基づく対応を全職員が実践できるように、緊急時を想定した訓練を定期的に実施することも必要です。

　保護者の同意を得た上で、放課後児童クラブで一緒に生活するほかの子ど

もにも、食物アレルギーやおやつを食べる際の注意点等について丁寧に説明し、理解や協力を求める必要があります。

　なお、子どもの食物アレルギーの状況は変化する場合があります。定期的に食物アレルギーの状況や配慮事項を保護者と確かめ合うことが必要です。

〈関連法令・通知等〉

アレルギー疾患対策基本法（平成26年法律第98号）より

（学校等の設置者等の責務）
第9条　学校、児童福祉施設、老人福祉施設、障害者支援施設その他自ら
　　　十分に療養に関し必要な行為を行うことができない児童、高齢者又は
　　　障害者が居住し又は滞在する施設（以下「学校等」という。）の設置
　　　者又は管理者は、国及び地方公共団体が講ずるアレルギー疾患の重症
　　　化の予防及び症状の軽減に関する啓発及び知識の普及等の施策に協力
　　　するよう努めるとともに、その設置し又は管理する学校等において、
　　　アレルギー疾患を有する児童、高齢者又は障害者に対し、適切な医療
　　　的、福祉的又は教育的配慮をするよう努めなければならない。

〈関連法令・通知等〉

アレルギー疾患対策の推進に関する基本的な指針（平成29年厚生労働省告示第76号）より

第一　アレルギー疾患対策の推進に関する基本的な事項
　（2）国、地方公共団体、医療保険者、国民、医師その他の医療関係者及
　　　び学校等の設置者又は管理者の責務

　カ　学校、児童福祉施設、老人福祉施設、障害者支援施設その他自ら
　　　十分に療養に関し必要な行為を行うことができない乳幼児、児童、
　　　生徒（以下「児童等」という。）、高齢者又は障害者が居住し又は滞
　　　在する施設の設置者又は管理者は、国及び地方公共団体が講ずるア
　　　レルギー疾患の重症化の予防及び症状の軽減に関する啓発及び知識
　　　の普及等の施策に協力するよう努めるとともに、その設置又は管理
　　　する学校等において、アレルギー疾患を有する児童等、高齢者又は
　　　障害者に対して、適切な医療的、福祉的又は教育的配慮をするよう
　　　努めなければならない。
第五　その他アレルギー疾患対策の推進に関する重要事項
（1）アレルギー疾患を有する者の生活の質の維持向上のための施策に関
　　する事項
　　エ　国は、財団法人日本学校保健会が作成した「学校のアレルギー疾
　　　　患に対する取り組みガイドライン」及び文部科学省が作成した「学
　　　　校給食における食物アレルギー対応指針」等を周知し、実践を促す
　　　　とともに、学校の教職員等に対するアレルギー疾患の正しい知識の
　　　　習得や実践的な研修の機会の確保等について、教育委員会等に対
　　　　して必要に応じて適切な助言及び指導を行う。児童福祉施設や放課
　　　　後児童クラブにおいても、職員等に対して、「保育所におけるアレ
　　　　ルギー対応ガイドライン」（平成二十三年三月十七日付け雇児保発
　　　　〇三一七第一号厚生労働省雇用均等・児童家庭局保育課長通知）等
　　　　既存のガイドラインを周知するとともに、職員等に対するアレル
　　　　ギー疾患の正しい知識の習得や実践的な研修の機会の確保等につい
　　　　ても地方公共団体と協力して取り組む。また、老人福祉施設、障害
　　　　者支援施設等においても、職員等に対するアレルギー疾患の正しい
　　　　知識の啓発に努める。

⑧　子どもが安全に安心して過ごすことができるように環境を整備するととともに、緊急時に適切な対応ができるようにする。

・子どもが自分で避けることのできない危険に遭遇しないように、遊びと生活の環境について安全点検と環境整備を行う。

　子どもにとっての危険の種類や内容と、それらに対応する子ども自身の能力は、年齢や発達の状況によって変化します。子どもの安全を守るためには、子どもが予測できず、どのように対処すればよいかの判断が不可能な危険（ハザード）に対して、未然に排除できるような対応や管理の方法を考えておくことが必要です。

　事故やケガを未然に防ぐためには、屋内外の施設設備等の衛生や安全を点検し、遊びや生活が衛生及び安全の確保された環境で行われるよう整備することが必要です。衛生や安全管理に関する点検は、点検項目や点検頻度、点検者を定め、定期的に行います。なお、点検対象とする環境には、近隣の公園に行く場合や散歩、遠足等、放課後児童クラブの外で活動する場合も含まれます。

　更に、地域の中で子どもが安全に過ごせるように支援する上では、家庭から学校、学校から放課後児童クラブ、放課後児童クラブから家庭等、子どもの主な行動範囲を中心とした地域の中での子どもの行動や環境を把握することも求められます。

・子どもが危険に気付いて判断したり、事故等に遭遇した際に被害を最小限にしたりするための安全に関する自己管理能力を身に付けられるように援助する。

　放課後児童クラブでは、子ども一人ひとりが身に付けている安全についての自己管理能力を把握して、「子どもの自己管理能力をいかすことができること」「その子どもが学習することによって理解できること、習得することが可能なこと」「放課後児童支援員等が直接危険から子どもを守ること」を、適切に組み合わせて対応する必要があります。子どもが遭遇する危険は、子

どもの発達段階や、子どもが置かれている状況や行動の内容によっても異なります。そのため、子ども一人ひとりの発達の状況、健康の状況等を把握した上で、それぞれに対応した適切な援助のあり方を考えていくことが求められます。

　また、遊びの場面では、子どもの好奇心や意欲も大切にしながら、危険なことについて子ども自身が考え、判断できるよう援助していくことが求められます。そのため、想定される危険の内容によっては、安全を確保するための行動のあり方について子ども自身が学ぶ機会を設けることも望まれます。

〈コラム〉　　　　　　　遊びにおけるリスクとハザード

　子どもが安全に関する自己管理能力を身に付けられるよう援助するためには、子どもの遊びや生活において想定される「リスク」と「ハザード」について知ることも大切です。以下に「都市公園における遊具の安全確保に関する指針（改訂第2版）」（平成26年6月国土交通省）の一部を紹介します。
　参考にして、子どもの遊びと安全について考えてみましょう。

2．子どもの遊びにおける危険性と事故
2－1　リスクとハザード
（1）遊びにおけるリスクとハザード
　　子どもは、遊びを通して冒険や挑戦をし、心身の能力を高めていくものであり、それは遊びの価値のひとつであるが、冒険や挑戦には危険性も内在している。子どもの遊びにおける安全確保に当たっては、子どもの遊びに内在する危険性が遊びの価値のひとつでもあることから、事故の回避能力を育む危険性あるいは子どもが判断可能な危険性であるリスクと、事故につながる危険性あるいは子どもが判断不可能な危険性であるハザードとに区分するものとする。

（解　説）

1）リスクとハザードの意味

　①リスクは、遊びの楽しみの要素で冒険や挑戦の対象となり、子どもの発達にとって必要な危険性は遊びの価値のひとつである。子どもは小さなリスクへの対応を学ぶことで経験的に危険を予測し、事故を回避できるようになる。また、子どもが危険を予測し、どのように対処すれば良いか判断可能な危険性もリスクであり、子どもが危険を分かっていて行うことは、リスクへの挑戦である。

　②ハザードは、遊びが持っている冒険や挑戦といった遊びの価値とは関係のないところで事故を発生させるおそれのある危険性である。また、子どもが予測できず、どのように対処すれば良いか判断不可能な危険性もハザードであり、子どもが危険を分からずに行うことは、リスクへの挑戦とはならない。

2）リスクとハザードの境界

　①リスクとハザードの境界は、社会状況や子どもの発育発達段階によって異なり、一様でない。子どもの日常の活動・経験や身体能力に応じて事故の回避能力に個人差があり、幼児が小学生用遊具を利用することは、その遊具を安全に利用するために必要な運動能力、危険に関する予知能力、事故の回避能力などが十分でないため、ハザードとなる場合がある。

　②都市公園の遊び場は、幅広い年齢層の子どもが利用するものであり、一つの遊具において全ての子どもの安全な利用に対応することは困難であるため、遊具の設置や管理に際しては、子どもの年齢層などを勘案する必要がある。

> ・事故やケガ、災害等の緊急時に子どもの安全が守られるように、対応
> 方針を作成して定期的に訓練を行う。

　放課後児童クラブの運営主体は、放課後児童クラブにおける事故やケガの
防止や発生時の対応についての方針を策定し、放課後児童支援員等に周知徹
底する必要があります。

　防災・防犯対策、子どもの来所・帰宅時の安全確保等についても計画及び
マニュアル等を作成し、その内容を保護者と学校、更には地域組織や関係機
関等と共有して、協力して子どもの安全を守る必要があります。

　更に、事故や災害の発生時の応急対応や二次被害を防ぐための対応につい
ても計画及びマニュアル等を作成し、想定訓練等を行うなど、迅速に対応で
きるようにしておくことが求められます。その際、学校施設内の放課後児童
クラブや校庭を利用している放課後児童クラブは、学校との情報共有を密に
し、迅速に協力できる体制を築いておく必要があります。

　なお、計画及びマニュアル等や対応方針は、緊急時を想定した訓練や実際
に起きた事例を参考にしながら作成し、訓練等の実施時にその都度見直し・
改善を図っていくことが望まれます。

⑨　放課後児童クラブでの子どもの様子を日常的に保護者に伝え、家庭と連
　携して育成支援を行う。

> ・放課後児童クラブにおける子どもの様子を日常的に保護者に伝える。
> ・子どもに関する情報を家庭と放課後児童クラブで共有することにより、
> 　保護者が安心して子育てと仕事等を両立できるように支援する。

　子どもの出席の状況や健康状態等について常に保護者と密接な連携を図る
こと、放課後児童クラブにおける子どもの様子を日常的に保護者に伝えるこ
とは、放課後児童クラブがその役割を果たす上で必要なことです。

　子どもが放課後児童クラブに通い続けられるようにするためには、出席の
状況や子どもの健康状態等について常に保護者と密接な連携を図ることが必

要です。そして、放課後児童クラブでの子どもの様子と、育成支援の内容を保護者に日常的に伝えることは、保護者が安心して子育てと仕事等を両立できるよう支援することにつながります。

　保護者に子どもの様子を伝える方法や機会は多様にあります。それぞれの特徴、活用方法、配慮すべき事項等については、この章の「4．保護者との連携」で解説しています。

２．障害のある子どもへの対応

（１）障害のある子どもの受入れの考え方

> ○　障害のある子どもについては、地域社会で生活する平等の権利の享
> 受と、包容・参加（インクルージョン）の考え方に立ち、子ども同士
> が生活を通して共に成長できるよう、障害のある子どもも放課後児童
> クラブを利用する機会が確保されるための適切な配慮及び環境整備を
> 行い、可能な限り受入れに努める。

◇　障害のある子どもの受入れに当たっての前提となる考え方

　障害のある子どもについては、地域社会で生活する子どもの１人として、他の子どもと共に成長できるよう放課後児童クラブの利用を選択できる機会を保障し、地域社会の中で孤立したり排除されたりしないよう援護し、社会の構成員として包み支え合う社会をつくるよう目指す[5]という考え方に立って受入れに努めることが大切です。そのため、放課後児童クラブを利用する機会の確保に向けた配慮及び環境整備を行い、可能な限り受入れに努めることが望まれます。

　障害のある子どもの権利については、児童の権利に関する条約の第23条で定められています。更に、障害者の権利に関する条約でも「最善の利益の保障」並びに「意見を表明する権利を保障するための支援を提供される権利」（第7条）、「地域社会で生活する平等の権利の享受」と「包容・参加（インクルージョン）の考え方」（第19条）が示されています。また、同条約第24条では、「教育についての障害者の権利を差別なしに、かつ、機会の均等を基礎として実現するため、障害者を包容するあらゆる段階の教育制度及び生涯学習を確保する」ことが締約国に求められています。

5　「今後の障害児支援の在り方について（報告書）～「発達支援」が必要な子どもの支援はどうあるべきか～」（平成26年7月16日障害児支援の在り方に関する検討会）

〈関連法令・通知等〉

児童の権利に関する条約（平成6年条約第2号）より

第23条

1　締約国は、精神的又は身体的な障害を有する児童が、その尊厳を確
　保し、自立を促進し及び社会への積極的な参加を容易にする条件の下
　で十分かつ相応な生活を享受すべきであることを認める。

2　締約国は、障害を有する児童が特別の養護についての権利を有する
　ことを認めるものとし、利用可能な手段の下で、申込みに応じた、かつ、
　当該児童の状況及び父母又は当該児童を養護している他の者の事情に
　適した援助を、これを受ける資格を有する児童及びこのような児童の
　養護について責任を有する者に与えることを奨励し、かつ、確保する。

3　障害を有する児童の特別な必要を認めて、2の規定に従って与えら
　れる援助は、父母又は当該児童を養護している他の者の資力を考慮し
　て可能な限り無償で与えられるものとし、かつ、障害を有する児童が
　可能な限り社会への統合及び個人の発達（文化的及び精神的な発達を
　含む。）を達成することに資する方法で当該児童が教育、訓練、保健サー
　ビス、リハビリテーション・サービス、雇用のための準備及びレクリ
　エーションの機会を実質的に利用し及び享受することができるように
　行われるものとする。

4　締約国は、国際協力の精神により、予防的な保健並びに障害を有す
　る児童の医学的、心理学的及び機能的治療の分野における適当な情報
　の交換（リハビリテーション、教育及び職業サービスの方法に関する
　情報の普及及び利用を含む。）であってこれらの分野における自国の
　能力及び技術を向上させ並びに自国の経験を広げることができるよう
　にすることを目的とするものを促進する。これに関しては、特に、開
　発途上国の必要を考慮する。

障害者の権利に関する条約（平成26年条約第1号）より

第7条　障害のある児童

  1　締約国は、障害のある児童が他の児童との平等を基礎として全ての人権及び基本的自由を完全に享有することを確保するための全ての必要な措置をとる。

  2　障害のある児童に関する全ての措置をとるに当たっては、児童の最善の利益が主として考慮されるものとする。

  3　締約国は、障害のある児童が、自己に影響を及ぼす全ての事項について自由に自己の意見を表明する権利並びにこの権利を実現するための障害及び年齢に適した支援を提供される権利を有することを確保する。この場合において、障害のある児童の意見は、他の児童との平等を基礎として、その児童の年齢及び成熟度に従って相応に考慮されるものとする。

  （略）

第19条　自立した生活及び地域社会への包容

    この条約の締約国は、全ての障害者が他の者と平等の選択の機会をもって地域社会で生活する平等の権利を有することを認めるものとし、障害者が、この権利を完全に享受し、並びに地域社会に完全に包容され、及び参加することを容易にするための効果的かつ適当な措置をとる。この措置には、次のことを確保することによるものを含む。

  （略）

第24条　教育

  1　締約国は、教育についての障害者の権利を認める。締約国は、この権利を差別なしに、かつ、機会の均等を基礎として実現するため、障害者を包容するあらゆる段階の教育制度及び生涯学習を確保する。

  （略）

◇　障害のある子どもの利用機会確保のための適切な配慮及び環境整備

　障害のある子どもが放課後児童クラブを利用する機会を確保するために
は、「適切な配慮及び環境整備」を行うことが必要です。具体的には、障害
のある子どもが放課後児童クラブを利用できることについての周知（利用機
会の周知）や、障害のある子ども個々の状況に応じた施設設備や育成支援の
内容についての工夫、職員体制に関する配慮等があります。

　利用機会の周知に際しては、放課後児童クラブにおける受入れ体制や利用
方法等について、適切に情報を発信することが望まれます。例えば、利用案
内は、障害のある子どもの受入れに関する項目を設けた上で、市町村の広報
誌やホームページ等で発信する、市町村内のすべての保育所、幼稚園等、児
童発達支援事業所[6]及び放課後等デイサービス事業所等の障害児通所施設等
に利用案内や申請書類を送付するなどして周知を図る取組が考えられます。

　施設設備や育成支援の内容、職員体制等の環境の整備については、各放課
後児童クラブの実態を踏まえながら、障害のある子どもが、障害の特性に応
じた適切な環境の下で生活する上で必要な対応を考えていくことが求められ
ます。なお、慢性疾患を有する子ども、医療的ケアが必要な子ども等の育成
支援を行う場合には、そのかかりつけ医師及び看護師、関係機関、保護者と
の連携を密にし、病状の変化や活動の制限等について共通理解を持ち、必要
な医療的対応が行われるよう配慮することが必要です。

　なお、障害を理由とする差別の解消の推進に関する法律（平成25年法律第
65号。以下「障害者差別解消法」という。）では、障害を理由とする差別の
解消に関する基本的な事項や、国の行政機関、地方公共団体、民間事業者等
における障害を理由とする差別を解消するための措置等について定められて
おり、放課後児童クラブにおいても法の趣旨に沿った措置が求められます。
また、障害者差別解消法第8条では、「事業者は、その事業を行うに当たり、
障害者から現に社会的障壁[7]の除去を必要としている旨の意思の表明があっ
た場合において、その実施に伴う負担が過重でないときは、障害者の権利利

6　児童発達支援事業所とは、障害児に対し、身近な地域で、日常生活における基本的な動作の指導、
知識技能の付与、集団生活への適応訓練等の児童発達支援を行っている事業所をいう。

益を侵害することとならないよう、当該障害者の性別、年齢及び障害の状態に応じて、社会的障壁の除去の実施について必要かつ合理的な配慮をするように努めなければならない」とされています。この合理的配慮を行わないことで、障害者の権利利益が侵害される場合には、差別に当たるとされています。

〈関連法令・通知等〉

> 障害を理由とする差別の解消の推進に関する法律（平成25年法律第65号）より
>
>
> （目的）
> 第1条　この法律は、障害者基本法（昭和45年法律第84号）の基本的な理念にのっとり、全ての障害者が、障害者でない者と等しく、基本的人権を享有する個人としてその尊厳が重んじられ、その尊厳にふさわしい生活を保障される権利を有することを踏まえ、障害を理由とする差別の解消の推進に関する基本的な事項、行政機関等及び事業者における障害を理由とする差別を解消するための措置等を定めることにより、障害を理由とする差別の解消を推進し、もって全ての国民が、障害の有無によって分け隔てられることなく、相互に人格と個性を尊重し合いながら共生する社会の実現に資することを目的とする。
> （略）
> （事業者における障害を理由とする差別の禁止）
> 第8条　事業者は、その事業を行うに当たり、障害を理由として障害者でない者と不当な差別的取扱いをすることにより、障害者の権利利益を侵害してはならない。

7　障害者にとって、日常生活や社会生活を送る上で障壁となるような、社会における事物（通行、利用しにくい施設、設備等）、制度（利用しにくい制度等）、慣行（障害のある方の存在を意識していない慣習、文化等）、観念（障害のある方への偏見等）その他一切のもの。

② 事業者は、その事業を行うに当たり、障害者から現に社会的障壁の除去を必要としている旨の意思の表明があった場合において、その実施に伴う負担が過重でないときは、障害者の権利利益を侵害することとならないよう、当該障害者の性別、年齢及び障害の状態に応じて、社会的障壁の除去の実施について必要かつ合理的な配慮をするように努めなければならない。

(略)

〈参考情報〉

「障害者差別解消法　福祉事業者向けガイドライン　～福祉分野における事業所が講ずべき障害を理由とする差別を解消するための措置に関する対応指針～」（平成27年11月11日厚生労働大臣決定）について

　このガイドラインでは、「障害者差別解消法」の規定に基づいて、福祉分野における事業者が障害者に対し不当な差別的取扱いをしないこと、また必要かつ合理的な配慮を行うために必要な考え方等が記載されています。以下に目次を記しますので、参考にしてください。

《目次》

第1　趣旨

（1）障害者差別解消法制定の経緯

（2）対象となる障害者

（3）障害を理由とする差別の解消の推進に関する基本方針

（4）福祉分野における対応指針

第2　障害を理由とする不当な差別的取扱い及び合理的配慮の基本的な考え方

（1）不当な差別的取扱い

（2）合理的配慮

第3　障害を理由とする不当な差別的取扱い及び合理的配慮の例

（1）不当な差別的取扱いと考えられる例

（2）合理的配慮と考えられる例

（3）障害特性に応じた対応について

第4　事業者における相談体制の整備

第5　事業者における研修・啓発

第6　国の行政機関における相談窓口

第7　主務大臣による行政措置

おわりに

〈参考情報〉

「障害を理由とする差別の解消の推進に関する基本方針」（平成27年2月24日閣議決定）より

　この基本方針は、「障害者差別解消法」の規定に基づいて、障害を理由とする差別の解消に向けた、政府の施策の総合的かつ一体的な実施に関する基本的な考え方が示されています。その中から、「不当な差別的取扱い」（「不当な差別的取扱いの基本的考え方」「正当な理由の判断の視点」）と「合理的配慮」（「合理的配慮の基本的な考え方」「過重な負担の基本的な考え方」）について紹介します。

　＊概要については「障害を理由とする差別の解消の推進に関する基本方針の策定について」（平成27年2月24日府政共生第195号内閣府政策統括官（共生社会政策担当）通知）参照

2　不当な差別的取扱い

（1）不当な差別的取扱いの基本的な考え方

ア　法は、障害者に対して、正当な理由なく、障害を理由として、財・サービスや各種機会の提供を拒否する又は提供に当たって場所・時間帯などを制限する、障害者でない者に対しては付さない条件を付けることなどにより、障害者の権利利益を侵害することを禁止している。

　　なお、障害者の事実上の平等を促進し、又は達成するために必要な特別の措置は、不当な差別的取扱いではない。（略）

（2）正当な理由の判断の視点

　　正当な理由に相当するのは、障害者に対して、障害を理由として、財・サービスや各種機会の提供を拒否するなどの取扱いが客観的に見て正当な目的の下に行われたものであり、その目的に照らしてやむを得ないと言える場合である。（略）行政機関等及び事業者は、正当な理由があると判断した場合には、障害者にその理由を説明するものとし、理解を得るよう努めることが望ましい。

3　合理的配慮

（1）合理的配慮の基本的な考え方

　ア（略）合理的配慮は、障害者が受ける制限は、障害のみに起因するものではなく、社会における様々な障壁と相対することによって生ずるものとのいわゆる「社会モデル」の考え方を踏まえたものであり、障害者の権利利益を侵害することとならないよう、障害者が個々の場面において必要としている社会的障壁を除去するための必要かつ合理的な取組であり、その実施に伴う負担が過重でないものである。（略）

（2）過重な負担の基本的な考え方

　　過重な負担については、行政機関等及び事業者において、個別の事案ごとに、以下の要素等を考慮し、具体的場面や状況に応じて総合的・客観的に判断することが必要である。行政機関等及び事業者は、過重な負担に当たると判断した場合は、障害者にその理由を説明するものとし、理解を得るよう努めることが望ましい。（略）

> ○　放課後児童クラブによっては、新たな環境整備が必要となる場合なども考えられるため、受入れの判断については、子ども本人及び保護者の立場に立ち、公平性を保って行われるように判断の基準や手続等を定めることが求められる。
> ○　障害のある子どもの受入れに当たっては、子どもや保護者と面談の機会を持つなどして、子どもの健康状態、発達の状況、家庭の状況、保護者の意向等を個別に把握する。

　障害のある子どもの受入れに当たっては、障害の状態と受入れ体制や環境を見極め、その子どもの最善の利益を考慮して公平性を保って判断することが必要になります。

　市町村は、子ども本人及び保護者の立場に立ち、公平性を保って受入れの判断をすることができるように、あらかじめ判断の基準や手続き等を明文化しておくとともに、審査会等を設けて、障害児相談支援事業所[8]の相談支援専門員等の専門家等も交えた合議の下で受入れについて検討し、決定することが望まれます。

　受入れの判断を適切に行うためには、まず、利用の申請があった障害のある子どもの状況を正確に把握することが必要です。そのためには、子どもや保護者との面談、子どもの通っていた保育所、幼稚園等、障害児相談支援事業所、放課後等デイサービス事業所等からの情報収集を行い、子どもの健康状態、発達の状況、家庭の状況、保護者の意向等を確認することなどが考えられます。なお、それらの情報収集に当たっては、保護者に情報収集の意義・目的について説明の上、同意を得る必要があります。

8　障害児相談支援事業所は、配置した相談支援専門員により、障害児の通所支援のために最も適切なサービスの組み合わせを検討し障害児支援利用計画案を作成するとともに、市町村の通所給付決定後に指定障害児通所支援事業者等との連絡調整を行い、障害児支援利用計画を作成する。また、通所支援の利用状況のモニタリングを実施する。（障害児相談支援事業所の連絡先等は、市町村に確認してください。）

> ○　地域社会における障害のある子どもの放課後の生活が保障されるように、放課後等デイサービス等と連携及び協力を図る。その際、放課後等デイサービスと併行利用している場合には、放課後等デイサービス事業所と十分な連携を図り、協力できるような体制づくりを進めていくことが求められる。

　障害のある子どもの地域における放課後の生活を支援するサービスとして、放課後等デイサービスがあります。これは、平成24年4月に児童福祉法に位置付けられたものであり、学校（幼稚園及び大学を除く。）に就学している障害のある子どもにつき、授業の終了後又は休業日に児童発達支援センター[9]その他の厚生労働省令で定める施設に通わせ、生活能力の向上のために必要な訓練、社会との交流の促進その他の便宜を供与するサービスとされています[10]。

　同サービスについても、同じ地域の子どもに関わる施設として、連携を図ることが望まれます。特に、家庭の判断の下、放課後児童クラブとの併行利用を行っている場合には、子どもの生活の連続性を保障する観点から、保護者の同意を得た上で放課後等デイサービス事業所と情報交換を行い、連携及び協力ができるような関係をつくることが求められます。

　なお、放課後等デイサービスの放課後児童クラブとの連携について、「放課後等デイサービスガイドライン」では、「放課後等デイサービス事業所においては、放課後児童クラブや児童館等の一般的な子育て支援施策を専門的な知識・経験に基づきバックアップする『後方支援』としての位置付けも踏まえつつ、必要に応じて放課後児童クラブ等との連携を図りながら、適切な事業運営を行うことが求められる」とされています。

9　児童発達支援センターは、児童発達支援を行う事業所のうち、日常生活における基本的な動作の指導、知識技能の付与、集団生活への適応訓練等の児童発達支援に加え、保育所等訪問支援や障害児相談支援等の地域支援を行うものをいう。
10　児童福祉法第6条の2の2第4項

（2）障害のある子どもの育成支援に当たっての留意点

> ○　障害のある子どもが、放課後児童クラブでの子ども達との生活を通
> して共に成長できるように、見通しを持って計画的な育成支援を行う。

　児童期に必要な豊かな放課後の時間を保障するためには、障害のある子どもが安全に安心して放課後の時間を過ごし、放課後児童クラブでの子ども達との生活を通して共に成長できるようにすることが大切です。そのためには、子どもの特性に応じた援助や環境整備を心掛け、丁寧な育成支援を行うことが望まれます。

　障害のある子どもの育成支援を計画的に行うためには、保護者と連携を図ることが必要です。保護者との連携については、放課後児童クラブが家庭と子どもの状況を伝え合うとともに、保護者の思いを理解することに努め、信頼関係に基づき共に協力して育成支援を進めていけるようにしていくことが必要です。

　また、障害のある子どもの育成支援を計画的に行っていくためには、放課後児童クラブにおいて、一人ひとりについて個別の支援計画を作成することも望まれます。個別の支援計画を作成する際には、学校において作成される個別の教育支援計画（関係機関等の連携の下に行う個別の長期的な支援に関する計画）や個別の指導計画を参考にするなど、保護者や学校と連携し、保護者の同意の下で、情報を得たり、方向性を共有したりしながら進めていくことが求められます。また、障害のある子どもについて個別の育成支援の見通しや計画を立てる場合は、放課後児童クラブ全体としての活動の計画との整合性をどのように図るのかという観点を含めて考えていくことが望まれます。

　更に、障害のある子どもが放課後等デイサービス等の障害児通所支援や障害福祉サービスを利用している場合には、障害児相談支援事業所において障害児支援利用計画が作成されるとともに、放課後等デイサービス事業所等において個別支援計画が作成されており、これらの計画とも連携を図ることが求められます。

　なお、平成28年8月に一部改正された発達障害者支援法（平成16年法律第

167号）では、国や地方自治体は、発達障害児一人ひとりが年齢、能力、特性を踏まえた十分な教育を受けられるよう、個別の教育支援計画や個別の指導に関する計画の作成、いじめの防止等のための対策を推進するとともに、関係機関間で連携を図り発達障害児の支援に資する情報の共有を促進するために必要な措置を講ずるものとされており、放課後児童クラブにおいてもこの趣旨を踏まえた取組が求められます。

〈関連法令・通知等〉

発達障害者支援法（平成16年法律第167号）より

（保育）
第7条　市町村は、児童福祉法（昭和22年法律第164号）第24条第1項の規定により保育所における保育を行う場合又は同条第2項の規定による必要な保育を確保するための措置を講じる場合は、発達障害児の健全な発達が他の児童と共に生活することを通じて図られるよう適切な配慮をするものとする。

（教育）
第8条　国及び地方公共団体は、発達障害児(18歳以上の発達障害者であって高等学校、中等教育学校及び特別支援学校並びに専修学校の高等課程に在学する者を含む。以下この項において同じ。）が、その年齢及び能力に応じ、かつ、その特性を踏まえた十分な教育を受けられるようにするため、可能な限り発達障害児が発達障害児でない児童と共に教育を受けられるよう配慮しつつ、適切な教育的支援を行うこと、個別の教育支援計画の作成（教育に関する業務を行う関係機関と医療、保健、福祉、労働等に関する業務を行う関係機関及び民間団体との連携の下に行う個別の長期的な支援に関する計画の作成をいう。）及び個別の指導に関する計画の作成の推進、いじめの防止等のための対策の推進その他の支援体制の整備を行うことその他必要な措置を講じる

　ものとする。
　2　大学及び高等専門学校は、個々の発達障害者の特性に応じ、適切な
　教育上の配慮をするものとする。
（放課後児童健全育成事業の利用）
第9条　市町村は、放課後児童健全育成事業について、発達障害児の利用
　の機会の確保を図るため、適切な配慮をするものとする。
（情報の共有の促進）
第9条の2　国及び地方公共団体は、個人情報の保護に十分配慮しつつ、
　福祉及び教育に関する業務を行う関係機関及び民間団体が医療、保健、
　労働等に関する業務を行う関係機関及び民間団体と連携を図りつつ行
　う発達障害者の支援に資する情報の共有を促進するため必要な措置を
　講じるものとする。

○　継続的な育成支援を行うために、障害のある子ども一人ひとりにつ
　いて放課後児童クラブでの状況や育成支援の内容を記録する。

　障害のある子どもの育成支援に当たっては、一人ひとりの子どもの状況や育成支援の内容を記録することが必要です。記録することで、子どもの何気ない様子からも子どもの感情や特性に気付くことができ、放課後児童支援員等が自身の関わりについて見直すことにもつながります。
　記録した内容は、放課後児童支援員等の間で共有し、その後の育成支援の方向性や内容の検討にいかします。障害のある子どもについての個別支援計画を作成する場合は、育成支援の記録が基盤となり、計画の振り返りや見直しにも役立ちます。
　また、学校や障害児相談支援事業所や放課後等デイサービス事業所等との連携に際しても、記録を基に情報共有をすることで、より正確な情報に基づく子どもの状況の共有と連携が可能となります。なお、これらの連携に際しては、保護者から他機関と情報を共有することについて同意を得るとともに、

守秘義務や個人情報保護の原則に配慮する必要があります。

○　障害のある子どもの育成支援についての事例検討を行い、研修等を
　通じて、障害について理解する。

　障害のある子どもの育成支援について事例検討する機会を持ち、その中での気付きを共有することにより、子どもについての理解を深め、育成支援の内容の向上にいかすことができます。

　また、放課後児童支援員等は、様々な学習の機会を活用して障害のある子どもの特性や支援のあり方についての専門的な知識や技術を学ぶよう努力するとともに、放課後児童クラブ内で研修会を開催するなどの取組を通じて、障害についての理解を深めることが求められます。

○　障害のある子どもの特性を踏まえた育成支援の向上のために、地域
　の障害児関係の専門機関等と連携して、相談できる体制をつくる。そ
　の際、保育所等訪問支援、障害児等療育支援事業や巡回支援専門員整
　備事業の活用等も考慮する。

　障害のある子どもの育成支援の内容を向上させるためには、定期的あるいは必要に応じて、地域の障害のある子どもを支援する児童発達支援センターや放課後等デイサービス事業所等に相談する、障害児支援の専門家の訪問指導を受けるなどして、参考となる援助の方法を学ぶ機会をつくることが望まれます。

　保護者の意向に配慮しながら、障害児相談支援事業所や放課後等デイサービス事業所等の事業と連携、協力して、個別支援計画の内容を検討するなど、育成支援のあり方を考えていくことが大切です。専門家が放課後児童クラブを訪問し、指導する実際の機会として、保育所等訪問支援、障害児等療育支援事業や巡回支援専門員整備等の活用も考慮することも望まれます。

　なお、これらの連携に際しては、保護者から他機関と情報を共有することについて同意を得るとともに、守秘義務や個人情報保護の原則に配慮する必要があります。

〈参考情報〉　障害のある子どもへの支援の際に直接活用できる支援・事業

　障害のある子どもの特性を踏まえた育成支援の内容の向上のために、地域の障害のある子どもに関する専門機関等と連携するとともに、障害のある子どもへの支援に当たって利用可能な支援・事業について情報収集し、活用を検討することが望まれます。放課後児童クラブが直接活用できる障害のある子どもへの支援の際に利用可能な支援・事業には、以下のようなものがあります。

支援・事業名	事業内容
保育所等訪問支援	障害児施設で指導経験のある児童指導員や保育士等が、保育所や放課後児童クラブ等を訪問し、障害のある子どもや保育所等のスタッフに対して、障害児が集団生活に適応するための専門的な支援を行う。支援の利用に当たっては、保護者が市町村に申請し、市町村が利用の支給決定を行う。（児童福祉法に基づく個別給付）。
障害児等療育支援事業	在宅の障害児等の地域における生活を支えるため、身近な地域で療育指導が受けられるように療育機能の充実を図るとともに、これらを支援する都道府県域の療育機能との重層的な連携を図り、保護者に対する療育指導や施設職員に対する療育技術の指導等を行う。実施主体は、都道府県、指定都市、中核市。
巡回支援専門員整備事業	発達障害等に関する知識を有する専門員が、保育所や放課後児童クラブ等の子どもやその保護者が集まる施設・場への巡回支援を実施し、施設等の支援を担当する職員や障害のある子どもの保護者に対し、障害の早期発見・早期対応のための助言等の支援を行う。実施主体は市町村。

○ 障害のある子どもの育成支援が適切に図られるように、個々の子どもの状況に応じて環境に配慮するとともに、職員配置、施設や設備の改善等についても工夫する。

障害のある子どもの受入れに当たっては、個々の子どもの状況に応じて環境を工夫し、職員配置、施設や設備の改善等を行うことが望まれます。育成支援を行うに当たっては、障害を理由として不当な差別的対応をすることなど、障害のある子どもの権利利益を侵害することがないよう努めなければなりません。

放課後児童クラブでの活動の場面がわかりやすくなるように空間を工夫する、生活時間の区分や始まりと終わりをわかりやすく工夫する、全体での活動を見守りながらも必要に応じて個別の対応ができるよう職員を配置するなど、育成支援の場面での対応の工夫が求められます。

○ 障害者虐待の防止、障害者の養護者に対する支援等に関する法律（平成23年法律第79号）の理念に基づいて、障害のある子どもへの虐待の防止に努めるとともに、防止に向けての措置を講ずる。

放課後児童クラブは、子どもの最善の利益を尊重して育成支援を行う必要があります。そのためには、障害のある子どもの特性について正しく理解し、常に子どもの人権に十分配慮しながら支援を行うことが必要です。障害者への虐待防止については、児童福祉法第33条の10、基準第12条、及び障害者虐待の防止、障害者の養護者に対する支援等に関する法律（平成23年法律第79号。以下「障害者虐待防止法」という。）において定められています。障害者虐待防止法では、障害者に対する虐待の禁止のほか、障害者虐待の予防及び早期発見、養護者に対する支援等に関することが示されています。特に同法第30条では、保育所、幼稚園等が障害者虐待防止のために講ずるべき必要な措置の内容が定められており、放課後児童クラブにおいてもこれに準じた措置を講じる必要があります。

放課後児童クラブにおける障害のある子どもの対応に当たって、子どもの

権利や虐待とみなされる行為の防止について職員間で共有する研修等を実施し、子どもの権利擁護についての意識を共有するほか、その理念を学び、遵守する必要があります。

〈関連法令・通知等〉

障害者虐待の防止、障害者の養護者に対する支援等に関する法律（平成23年法律第79号）より

（保育所等に通う障害者に対する虐待の防止等）
第30条　保育所等（略）の長は、保育所等の職員その他の関係者に対する障害及び障害者に関する理解を深めるための研修の実施及び普及啓発、保育所等に通う障害者に対する虐待に関する相談に係る体制の整備、保育所等に通う障害者に対する虐待に対処するための措置その他の当該保育所等に通う障害者に対する虐待を防止するため必要な措置を講ずるものとする。

3．特に配慮を必要とする子どもへの対応

（1）児童虐待への対応

○　放課後児童支援員等は、児童虐待の防止等に関する法律（平成12年
法律第82号）に基づき児童虐待の早期発見の努力義務が課されている
ことを踏まえ、子どもの状態や家庭の状況の把握により、保護者に不
適切な養育等が疑われる場合には、市町村（特別区を含む。以下同じ。）
や関係機関と連携し、法第25条の２第１項に規定する要保護児童対策
地域協議会で協議するなど、適切に対応することが求められる。

○　児童虐待が疑われる場合には、放課後児童支援員等は各自の判断だ
けで対応することは避け、放課後児童クラブの運営主体の責任者と協
議の上で、市町村又は児童相談所に速やかに通告し、関係機関と連携
して放課後児童クラブとして適切な対応を図らなければならない。

◇　児童虐待の早期発見と通告

　放課後児童クラブは、学校や地域の様々な社会資源との連携を図りながら、
保護者と連携して育成支援を行うとともに、その家庭の子育てを支援する役
割を担っており、その取組は児童虐待の発生予防、早期発見・早期対応にも
つながるものと考えられます。

　また、児童虐待防止法第５条では、「学校、児童福祉施設、病院（略）そ
の他児童の福祉に業務上関係のある団体及び学校の教職員、児童福祉施設の
職員、医師（略）その他児童の福祉に職務上関係のある者は、児童虐待を発
見しやすい立場にあることを自覚し、児童虐待の早期発見に努めなければな
らない」とされ、更に同法第６条では、「児童虐待を受けたと思われる児童
を発見した者は、速やかに、これを市町村、都道府県の設置する福祉事務所
若しくは児童相談所又は児童委員を介して市町村、都道府県の設置する福祉
事務所若しくは児童相談所に通告しなければならない」と定められています。
したがって、放課後児童クラブについても、この児童虐待の早期発見の努力

義務と通告義務が適用されます。児童虐待の相談は市町村が第一次的な窓口となりますが、児童相談所に直接通告することも可能です。

　なお、児童虐待防止法第6条第3項では、この通告に当たって児童虐待が疑われる子どもの個人情報を児童相談所等に伝えることは、秘密漏えいや守秘義務違反に当たらないとされています。

◇　児童虐待の早期発見に向けた取組

　児童虐待を早期に発見するためには、日常の様々な場面において、子どもの心身の状態（あざや傷、言動の特徴、服装等）に留意するとともに、直接保護者に会う時（子どもの迎えの際等）の気付きも重要です。

　児童虐待が疑われる状況に気付いた場合、放課後児童支援員等は、運営主体の責任者と協議し、速やかにその内容を市町村又は児童相談所に通告する必要があります。また、職員会議等で情報を共有し、保護者に対応するに当たっての放課後児童クラブ内の対応方針を確認します。

　また、児童虐待を発見した後の市町村等への通告の手順や、緊急性があると思われる場合の対応と手順についてもあらかじめ定めておくことが望まれます。

〈関連法令・通知等〉

児童虐待の防止等に関する法律（平成12年法律第82号）より

（児童虐待の早期発見等）
第5条　学校、児童福祉施設、病院、都道府県警察、婦人相談所、教育委員会、配偶者暴力相談支援センターその他児童の福祉に業務上関係のある団体及び学校の教職員、児童福祉施設の職員、医師、歯科医師、保健師、助産師、看護師、弁護士、警察官、婦人相談員その他児童の福祉に職務上関係のある者は、児童虐待を発見しやすい立場にあることを自覚し、児童虐待の早期発見に努めなければならない。

② 前項に規定する者は、児童虐待の予防その他の児童虐待の防止並びに児童虐待を受けた児童の保護及び自立の支援に関する国及び地方公共団体の施策に協力するよう努めなければならない。

（略）

⑤ 学校及び児童福祉施設は、児童及び保護者に対して、児童虐待の防止のための教育又は啓発に努めなければならない。

（児童虐待に係る通告）

第6条 児童虐待を受けたと思われる児童を発見した者は、速やかに、これを市町村、都道府県の設置する福祉事務所若しくは児童相談所又は児童委員を介して市町村、都道府県の設置する福祉事務所若しくは児童相談所に通告しなければならない。

② 前項の規定による通告は、児童福祉法第25条第1項の規定による通告とみなして、同法の規定を適用する。

③ 刑法（明治40年法律第45号）の秘密漏示罪の規定その他の守秘義務に関する法律の規定は、第1項の規定による通告をする義務の遵守を妨げるものと解釈してはならない。

〈参考情報〉　　　　　　　　　児童虐待とは

　児童虐待防止法においては、児童虐待の定義が以下のように定められています。また、「子ども虐待対応の手引き」（平成11年3月29日児企第11号厚生省児童家庭局企画課長通知）では、どのような行為が児童虐待に該当するのか具体的に例を挙げて説明し、その中では「子どもの面前で配偶者やその他の家族などに対し暴力をふるう」ことも児童虐待に含まれることが明確にされています。

　「子ども虐待対応の手引き」には、児童虐待の定義のほか、発生予防のための取組、対応、保護者や子どもへのアプローチ等についても記されて

いますので、参考にしてください。

児童虐待の防止等に関する法律（平成12年法律第82号）より

（児童虐待の定義）
第2条　この法律において、「児童虐待」とは、保護者（親権を行う者、
　　　　未成年後見人その他の者で、児童を現に監護するものをいう。以下同
　　　　じ。）がその監護する児童（十八歳に満たない者をいう。以下同じ。）
　　　　について行う次に掲げる行為をいう。
　1　児童の身体に外傷が生じ、又は生じるおそれのある暴行を加えるこ
　　　と。
　2　児童にわいせつな行為をすること又は児童をしてわいせつな行為を
　　　させること。
　3　児童の心身の正常な発達を妨げるような著しい減食又は長時間の放
　　　置、保護者以外の同居人による前2号又は次号に掲げる行為と同様の
　　　行為の放置その他の保護者としての監護を著しく怠ること。
　4　児童に対する著しい暴言又は著しく拒絶的な対応、児童が同居する
　　　家庭における配偶者に対する暴力（配偶者（婚姻の届出をしていない
　　　が、事実上婚姻関係と同様の事情にある者を含む。）の身体に対する
　　　不法な攻撃であって生命又は身体に危害を及ぼすもの及びこれに準ず
　　　る心身に有害な影響を及ぼす言動をいう。（略））その他の児童に著し
　　　い心理的外傷を与える言動を行うこと。

◇　放課後児童クラブにおける児童虐待ケースへの対応
　児童虐待が疑われる子どもについての市町村や児童相談所等による安全確
認や調査には、放課後児童クラブとしても協力し、関係機関とも密接な連携
を図る必要があります。その際、子どもや保護者が話したことや観察事項等
の事実経過の記録は、その後の児童相談所の決定や家庭裁判所の審判の際の

重要な資料となり得るため、記録・保管に努めることが必要です。なお、事実関係については詳細に記録するとともに、事実と感想・考察とを分けて記述することが必要です。

　児童虐待への対応は、各市町村に設置され、子どもに関わる医療・保健・福祉・教育・警察等の関係機関により構成される要保護児童対策地域協議会において協議されます。ここで個別の事例検討会（個別ケース検討会議）が開催される場合には、市町村と相談の上、可能な限り放課後児童支援員等も参加することが望まれます。実際の支援の場面においては、要保護児童対策地域協議会において放課後児童クラブの役割とされた事項を果たすための体制の整備に取り組むことが求められます。また、子どもや保護者の様子に変化があった場合には、運営主体が市町村の要保護児童対策地域協議会の調整機関に必ず報告します。

　なお、市町村によっては、放課後児童クラブが要保護児童対策地域協議会の構成員となっていないところがありますが、市町村に働きかけて、放課後児童クラブも可能な限り参画し、関係機関と連携、協力できる体制を構築しておくことが望まれます。

　また、放課後児童クラブでは保護者と交流する機会が多いため、保護者の様子等から配偶者に対する暴力（いわゆる「ドメスティック・バイオレンス」。以下、「ＤＶ」という。）の疑いがあることに気付く場合も考えられます。児童虐待防止法第２条の規定に基づき、子どもの目の前でＤＶが行われることは、児童虐待に当たるものとされています。放課後児童支援員等は、そのような状況に気付いた場合にも子どもの人権や尊厳を守る立場から、適切な対応を図る必要があります。

　ＤＶの疑いがあることに気付いた場合の対応や、ＤＶ被害者の子どもへの対応に際しての放課後児童クラブの役割は、他の児童虐待における場合と同様です。なお、被害者への接近禁止命令等の保護命令が出ている場合には、ＤＶ被害者である保護者や関係機関等と密接に連絡をとり、子どもの来所・帰宅時の安全確保にも一層配慮する必要があります。

〈関係法令・通知等〉

児童福祉法（昭和22年法律第164号）より

第25条の2　地方公共団体は、単独で又は共同して、要保護児童（第31条第4項に規定する延長者及び第33条第10項に規定する保護延長者（次項において「延長者等」という。）を含む。次項において同じ。）の適切な保護又は要支援児童若しくは特定妊婦への適切な支援を図るため、関係機関、関係団体及び児童の福祉に関連する職務に従事する者その他の関係者（以下「関係機関等」という。）により構成される要保護児童対策地域協議会（以下「協議会」という。）を置くように努めなければならない。

②　協議会は、要保護児童若しくは要支援児童及びその保護者（延長者等の親権を行う者、未成年後見人その他の者で、延長者等を現に監護する者を含む。）又は特定妊婦（以下この項及び第5項において「支援対象児童等」という。）に関する情報その他要保護児童の適切な保護又は要支援児童若しくは特定妊婦への適切な支援を図るために必要な情報の交換を行うとともに、支援対象児童等に対する支援の内容に関する協議を行うものとする。

③　地方公共団体の長は、協議会を設置したときは、厚生労働省令で定めるところにより、その旨を公示しなければならない。

④　協議会を設置した地方公共団体の長は、協議会を構成する関係機関等のうちから、1に限り要保護児童対策調整機関を指定する。

⑤　要保護児童対策調整機関は、協議会に関する事務を総括するとともに、支援対象児童等に対する支援が適切に実施されるよう、厚生労働省令で定めるところにより、支援対象児童等に対する支援の実施状況を的確に把握し、必要に応じて、児童相談所、養育支援訪問事業を行う者、母子保健法第22条第1項に規定する母子健康包括支援センターその他の関係機関等との連絡調整を行うものとする。

⑥　市町村の設置した協議会（市町村が地方公共団体（市町村を除く。）と共同して設置したものを含む。）に係る要保護児童対策調整機関は、厚生労働省令で定めるところにより、専門的な知識及び技術に基づき前項の業務に係る事務を適切に行うことができる者として厚生労働省令で定めるもの（次項及び第8項において「調整担当者」という。）を置くものとする。

⑦　地方公共団体（市町村を除く。）の設置した協議会（当該地方公共団体が市町村と共同して設置したものを除く。）に係る要保護児童対策調整機関は、厚生労働省令で定めるところにより、調整担当者を置くように努めなければならない。

⑧　要保護児童対策調整機関に置かれた調整担当者は、厚生労働大臣が定める基準に適合する研修を受けなければならない。

（2）特別の支援を必要とする子どもへの対応

○　放課後児童支援員等は、子どもの家庭環境についても配慮し、家庭での養育について特別の支援が必要な状況を把握した場合には、子どもと保護者の安定した関係の維持に留意しつつ、市町村や関係機関と連携して適切な支援につなげるように努める。

○　放課後児童クラブでの生活に特に配慮を必要とする子どもの支援に当たっては、保護者、市町村、関係機関と情報交換を行い、連携して適切な育成支援に努める。

◇　家庭での養育について特別の支援を必要とする状況とは

　放課後児童クラブでは、日頃から子どもの心身の状態や突然の変化に気を配り、家庭での養育について特別の支援が必要な状況を早期に捉え、適切な支援につなげるよう努めることが望まれます。

　家庭での養育について特別の支援を必要とする状況には、生活の困窮、保

護者の病気や障害等による養育困難、ひとり親家庭等で育児と就労の両立が困難な家庭、ＤＶ等の問題がある家庭等、様々な理由が考えられます。そして、その中には、「子どもの貧困」が含まれている場合もあります。このような課題は周囲からは見えにくい場合も多くありますので、子どもが家に帰りたがらない、過度におなかを空かせているなどの様子にも目配りしながら、早期発見・早期把握に努める必要があります。

　また、特別の支援を必要とする子どもや家庭への対応は、必要に応じて市町村や専門的な機関につなぎ、市町村と連携して対応していくことが求められます。

◇　子どもや保護者への対応に当たっての基本姿勢と配慮事項

　支援を必要とする子どもや保護者への対応に当たっては、その子どもや保護者の生活や抱える課題の厳しさを理解し、その子どもと保護者の声にしっかりと耳を傾け、「聴く」「見守る」「看る（手を差し伸べつつ見ていくこと）」「ちょっとした手助けをする」等をして、保護者や子どもの生活を継続して支える姿勢が大切です。

　その際には、子どもと保護者の安定した関係の維持に留意することも望まれます。

　また、育成支援を行っていく中で、放課後児童クラブでの生活の場面において特に配慮を必要とする子どもに気付く場合があります。このような場合には、その子どもへの育成支援のあり方を振り返ると同時に、職員同士の気付きを共有して、丁寧にその子どもの状態を検討して対応していくことが求められます。そのような状況は、障害、病気、貧困、児童虐待、いじめ等の個別の問題に起因していることも少なくありません。子どもに見られる課題の背景要因についても情報収集と考察を深めながら、保護者、市町村、関係機関等と連携して適切に対応を図っていくことが望まれます。

〈関連法令・通知等〉

子どもの貧困対策の推進に関する法律（平成25年法律第64号）より

（基本理念）

第2条

（略）

② 子どもの貧困対策は、子ども等に対する教育の支援、生活の安定に
資するための支援、職業生活の安定と向上に資するための就労の支援、
経済的支援等の施策を、子どもの現在及び将来がその生まれ育った環
境によって左右されることのない社会を実現することを旨として、子
ども等の生活及び取り巻く環境の状況に応じて包括的かつ早期に講ず
ることにより、推進されなければならない。

（略）

④ 子どもの貧困対策は、国及び地方公共団体の関係機関相互の密接な
連携の下に、関連分野における総合的な取組として行われなければな
らない。

同法に基づいて、すべての子どもが夢と希望を持って成長していける社
会の実現を目指し、「子どもの貧困」対策を総合的に推進するための、「子
供の貧困対策に関する大綱」（令和元年11月29日閣議決定）が策定されて
いますので、「子どもの貧困」について考える際の参考にしてください。

◇ 要支援児童等の早期把握と市町村への情報提供

児童福祉法第21条の10の5第1項では、「要支援児童等と思われる者を把
握したときは、当該者の情報をその現在地の市町村に提供するよう努めなけ
ればならない」とされています。これを踏まえ、市町村への情報提供に当たっ
ての留意事項等に関して「要支援児童等（特定妊婦を含む）の情報提供に係

る保健・医療・福祉・教育等の連携の一層の推進について」（平成28年12月
16日雇児総発1216第2号・雇児母発1216第2号厚生労働省雇用均等・児童家
庭局総務課長・母子保健課長通知）では、要支援児童等と判断するための目
安として、その様子や状況例を具体的に示しつつ、放課後児童クラブにおい
て、「要支援児童等と判断した場合は、必要な支援につなげるために、要支
援児童等が居住する市町村に相談し、情報提供を行うこと」、「情報提供の際
は、対象となる者に対し、原則として、情報提供の概要及び要支援児童等が
居住する市町村による支援を受けることが、当該対象者の身体的・精神的負
担を軽減し、養育の支援となり得ることを説明することが必要である」こと
など、市町村への情報提供に当たっての留意事項が示されています。

　なお、児童福祉法第21条の10の5第2項では、上記の情報提供は、秘密漏
えいや守秘義務違反に当たらないとされています。

〈関連法令・通知等〉

「要支援児童等（特定妊婦を含む）の情報提供に係る保健・医療・福祉・
教育等の連携の一層の推進について」（平成28年12月16日雇児総発1216第
2号雇児母発1216第2号厚生労働省雇用均等・児童家庭局総務課長、母子
保健課長通知）より

3　各個別分野の留意事項
（3）児童福祉施設等
　⑤　放課後児童クラブ
　　放課後児童クラブは、年齢や発達の状況が異なる子どもを同時にか
　つ継続的に育成支援をするため、放課後等に学校の空き教室等を利用
　して適切な遊び及び生活の場を与え、子どもの状況や発達段階を踏ま
　えながら、その健全な育成を図る取組がされている。また、学校や地
　域の様々な社会資源との連携を図りながら、保護者と連携して育成支
　援を行うとともに、その家庭の子育てを支援する役割を担っており、

その取組は、子ども虐待の発生予防、早期発見・早期対応にもつながるため、以下のことに留意して取り組むこと。

ア　主に別表1及び別表3を参考に、要支援児童等と判断した場合は、必要な支援につなげるために、要支援児童等が居住する市町村に相談し、情報提供を行うこと。

イ　情報提供の際は、対象となる者に対し、原則として、情報提供の概要及び要支援児童等が居住する市町村による支援を受けることが、当該対象者の身体的・精神的負担を軽減し、養育の支援となり得ることを説明することが必要である。

ウ　なお、説明することが困難な場合においても、要支援児童等に必要な支援がつながるよう、要支援児童等が居住する市町村への情報提供に努めること。また、当該情報提供は、児童福祉法第21条の10の5第1項の規定に基づくものであるため、同規定の趣旨に沿って行われる限り、刑法の秘密漏示罪や守秘義務に関する法律の規定に抵触するものではないことに留意されたい。

エ　情報提供を適切に行うためには、職員一人ひとりの子ども虐待の早期発見・早期対応の意識の向上を図るとともに、放課後児童支援員等の各自の判断のみで対応することなく、施設全体の共通認識の下に、組織的に対応すること。

オ　市町村をはじめとする関係機関とも密接な連携を図ることが必要であり、協議会との関係を深めるなど連携体制の構築に取り組むこと。特に、具体的な支援策を協議する個別ケース検討会議には、積極的に参加し、関わりをもつこと。

（3）特に配慮を必要とする子どもへの対応に当たっての留意事項

> ○　特に配慮を必要とする子どもへの対応に当たっては、子どもの利益
> に反しない限りにおいて、保護者や子どものプライバシーの保護、業
> 務上知り得た事柄の秘密保持に留意する。

　特に配慮を必要とする子どもへの対応に当たっては、「第1章3．（4）放課後児童クラブの社会的責任⑤」の解説に示した、以下の内容を守って行うことが必要です。

　放課後児童クラブ及び放課後児童クラブの運営主体は、子どもや保護者に関する情報を、正当な理由がなく第三者へ提供してはなりません。個人情報の保護に関する法律（平成15年法律第57号、以下「個人情報保護法」という。）第3条では、「個人情報は、個人の人格尊重の理念の下に慎重に取り扱われるべきものであることにかんがみ、その適正な取扱いが図られなければならない」とされています。また、基準第16条では、「放課後児童健全育成事業者の職員は、正当な理由がなく、その業務上知り得た利用者又はその家族の秘密を漏らしてはならない」「放課後児童健全育成事業者は、職員であった者が、正当な理由がなく、その業務上知り得た利用者又はその家族の秘密を漏らすことがないよう、必要な措置を講じなければならない」とされています。

　また、厚生労働省の通知「職員の資質向上・人材確保等研修事業の実施について」（平成27年5月21日雇児発0521第19号厚生労働省雇用均等・児童家庭局長通知）別添5「放課後児童支援員等研修事業実施要綱」により、都道府県は、放課後児童支援員の認定を受けた者が、秘密保持義務に違反した場合やその他放課後児童支援員としての信用失墜行為を行った場合等には、当該者について認定を取り消すことができるとされています。

　なお、「子どもの利益に反しない限りにおいて」とは、児童福祉法第21条の10の5第2項において、要支援児童等と思われる者を把握した場合に市町村へ情報提供すること及び児童虐待の防止等に関する法律（平成12年法律第82号。以下「児童虐待防止法」という。）第6条第3項において、児童虐待

を発見した者が児童相談所等に通告することは守秘義務違反に当たらないことが法律上明記されていることを踏まえたものです。また、個人データは本人の同意を得ないで第三者に提供してはなりませんが、個人情報保護法第23条第1項第1号では、例外規定として「法令に基づく場合」が掲げられており、児童福祉法第21条の10の5第1項に基づく情報提供及び児童虐待防止法第6条第1項に基づく通告は個人情報保護法違反になりません。

　更に、各地方公共団体の個人情報保護条例において、個人情報の目的外利用又は提供禁止の例外規定として、「法令に定めがあるとき」等が定められていることが一般的であり、児童福祉法第21条の10の5第1項に基づく情報提供及び児童虐待防止法第6条第1項に基づく通告は「法令に定めがあるとき」に該当するため、条例にこのような例外規定がある場合には条例違反とはならないと考えられます。

４．保護者との連携

（１）保護者との連絡

> ○　子どもの出欠席についてあらかじめ保護者からの連絡を確認しておく。

◇　出欠席の事前確認の必要性

　放課後児童クラブでは、子どもや家庭の状況によって子どもの利用状況が異なるため、子どもの出欠席について、保護者からの連絡をあらかじめ確認しておく必要があります。

　出欠席についてあらかじめ確認することで、子どもの放課後児童クラブでの生活についての見通しを保護者と放課後児童クラブとが共有し、継続性を持って育成支援に当たることが可能となります。また、子どもは学校から（学校休業日は自宅から）子どもだけで放課後児童クラブに来所するので、放課後児童クラブに来るまでの間で発生しうる事故やトラブルの防止や早期発見のためにも、出欠席の事前確認は必要なことです。事前に確認しておくことで、子どもが放課後児童クラブを連絡なく欠席した場合に迅速に対応することができます。そして、そのことは、保護者が安心して子育てと仕事等を両立できることにつながります。

　出欠席の確認を徹底するためには、放課後児童クラブの利用を開始する前に保護者に、子どもの出欠席を事前に確認すること、欠席や時間変更は基本的に保護者から放課後児童クラブに連絡することについて説明し、理解を得ておくことが必要です。その際、緊急時には保護者の職場等に連絡することもあり得ることや、連絡がとれない時の保護者以外の緊急連絡先についても確認しておくことが求められます。

◇　急な欠席の連絡について

　事前に予定されている場合以外の欠席の理由の中には、子どもが放課後児童クラブに行きたがらない、放課後児童クラブにおける子ども同士のトラブ

ル等が含まれている場合もあります。保護者からこのような欠席の連絡を受けた際には、子どもや保護者から丁寧に事情を聞き、解決に向けて真摯に取り組むことが求められます。

> ○　放課後児童クラブにおける子どもの遊びや生活の様子を日常的に保護者に伝え、子どもの状況について家庭と放課後児童クラブで情報を共有する。

　子どもの様子や育成支援の内容を、放課後児童クラブから保護者に連絡帳を活用するなどして日常的に伝えることは、保護者が安心して子育てと仕事等を両立できるように支援する上でとても大切です。

　保護者が放課後児童クラブでの子どもの様子を知ることは、育成支援の内容を理解する手助けになります。また、そのことによって、保護者が放課後児童支援員等に子どものことについて話しやすい関係が築かれ、子どもを見守る視点を家庭と放課後児童クラブとで補い合うことにもつながります。

> ○　保護者への連絡については、連絡帳を効果的に活用することが必要である。その他、保護者の迎えの際の直接の連絡、通信、保護者会、個人面談等の様々な方法を有効に活用する。

◇　連絡帳の効果的活用

　個々の保護者に子どもの様子を日常的・継続的に伝える際には、連絡帳を用意し、効果的に活用することが必要です。連絡帳は、出欠席や健康状態といった基本的な事項の連絡のほか、放課後児童クラブにおける日々の子どもの生活の様子を伝える、家庭での様子を伝えてもらうなど、幅広く活用することができます。連絡帳の活用に当たっては、保護者からの連絡帳への記載の有無に関わらず、共に子どもの成長を考える観点から、継続的に子どもの様子を伝えていくことが重要です。

　連絡帳は、子どもが持ち運びするものなので、迎えに来られない保護者や迎えの際に話す時間を十分にとることのできない保護者にも、子どもの様子

を伝え続けることができるという特徴があります。また、放課後児童クラブと保護者の双方が記入し、両者が子どもの様子等を伝え合うために活用することもできます。

　なお、連絡帳の利用に当たっては、連絡帳は子どもも見ることができるものであることを考慮して、子どもの気持ちや思いに配慮した記述をすることが必要です。

◇　その他の多様な連絡手段の活用方法・工夫
　一人ひとりの子どもの様子を保護者に伝える方法や機会は、連絡帳以外にも、保護者の迎えの際等の直接の連絡、個人面談等様々にあります。また、放課後児童クラブでの子どもの様子や育成支援に当たって必要な事項を定期的かつ同時に伝える方法や機会として、通信や保護者会等もあります。それぞれの方法の特徴を理解し、複数の方法や機会を組み合わせて保護者に必要な情報を伝えることが大切です。

〈コラム〉　　　　　　　　　　保護者への連絡方法

　保護者への連絡については、連絡帳を用意し、効果的に活用することが必要ですが、その際に他の連絡方法も併せて活用することが望まれます。いくつかの連絡方法について、特徴や活用に当たっての留意点を整理しましたので参考にしてください。

連絡の方法と特徴、留意点等

一人ひとりの子どもの様子を保護者に伝える	
連絡帳	・連絡帳は子ども一人にそれぞれ用意し、子どもが放課後児童クラブに出席をする時は、必ず持参してもらうようにします。

117

		・連絡帳は、出欠席や健康状態の連絡等を保護者と放課後児童クラブの双方が記入することができます。そのため、放課後児童クラブにおける日々の子どもの様子を伝えることや、家庭での様子を伝えてもらうこと、相談事項がある時の連絡等も含め、保護者と放課後児童クラブが連絡をとり合うために幅広く活用することができます。 ・迎えに来られない保護者や迎えの際に話す時間の少ない保護者とも日常的・継続的に情報を交換することができます。 ・連絡帳は子どもも見ることができるものであるということを考慮して、記入に当たっては子どもの気持ちや思いに配慮することが必要です。 ・ケガやトラブル等については、連絡帳への記入と併せて、保護者と直接話をすることも必要です。
	保護者の 迎えの際等の 直接の連絡	・日々の保護者の迎えの際等には、その時の子どもの様子を保護者と直接話ができ、確実に伝えることができます。 ・迎えの際の直接の連絡を行う場合には、毎日継続的に話ができる保護者は限られてしまうことが多く、迎えの際に全員の保護者と話す時間がとれないことや、迎えに来られない保護者には連絡できないということに配慮する必要があります。
	個人面談	・個々の家庭と、放課後児童クラブでの子どもの様子や育成支援の内容を伝え合うために定期的あるいは随時に個人面談を行います。 ・個人面談では、一定の時間、保護者と直接話ができるため、個別の家庭状況や保護者の気持ち等を聞き取ることができ、子ども一人ひとりの理解を深めることにつながります。保護者が参加しやすい日程や時間帯を設定し、事前に希望を聞くなど調整するようにしましょう。 ・個人面談を実施する際には、あらかじめ放課後児童支援員等の間で、その子どもの遊びや生活の情報を共有して臨むことが必要です。

放課後児童クラブでの子どもの様子や育成支援の内容を定期的かつ同時に伝える	
通信	・通信を定期的に発行することによって、放課後児童クラブの育成支援の内容をすべての保護者に伝えることができます。 ・通信には、行事の予定や連絡事項、放課後児童クラブでの子どもの様子や生活の様子等を記載することができます。 ・子どもの具体的な生活の様子を記載する際には、個人情報の取扱い、子どもの人権に配慮した内容や表現等に考慮する必要があります。通信に個人名等を記載する場合には、事前に保護者の同意を得ておきましょう。
保護者会	・放課後児童クラブ主催の下で、保護者へ育成支援の内容を伝える保護者会を定期的に開催します。 ・保護者会では、育成支援の計画や行事の予定、放課後児童クラブでの子どもの日常の様子を保護者に直接伝えることができます。 ・保護者同士が一緒に話をする機会を持つことで、保護者の交流の場にもなります。 ・保護者会は、全体会、学年別等内容を工夫しながら、保護者が参加しやすい日程、時間、頻度で開催するようにしましょう。

（2）保護者からの相談への対応

> ○　放課後児童支援員等は、育成支援を通じて保護者との信頼関係を築くことに努めるとともに、子育てのこと等について保護者が相談しやすい雰囲気づくりを心掛ける。

　放課後児童支援員等には、育成支援を通じて子どもが安心して過ごせるようにし、一人ひとりと集団全体の生活を豊かにすることが求められます。そして、子どもの様子を日常的に保護者に伝えて、保護者との信頼関係を築く

ように努めることが望まれます。また、連絡帳や迎えの際の会話等では、保護者の声に真摯に応えることを心掛けて、子育てのこと等について保護者が相談しやすい関係づくりに努めることが求められます。

○　保護者から相談がある場合には、保護者の気持ちを受け止め、相互の信頼関係を基本に保護者の自己決定を尊重して対応する。また、必要に応じて市町村や関係機関と連携する。

◇　相談への対応、助言等における留意点

　保護者から相談があった場合には、保護者の気持ちを受け止め、子どもと保護者の安定した関係が維持できるように配慮しながら、理解や共感に基づいた説明や助言等を行うことが望まれます。そして、その中で保護者が納得でき、解決に至ることができるよう、自己決定を尊重して対応することが大切です。

　なお、保護者からの相談への対応は、個人の情報が守られていることを前提として成り立つものであり、個人情報の保護、知り得た事柄の秘密保持に留意し、遵守することが必要です。

◇　市町村や関係機関との連携

　保護者からの個別の相談への対応においては、必要に応じて市町村等の各種相談窓口や関係機関との連携が求められます。保護者からの相談の内容に応じて適切な支援につなぐことができるよう、日頃から市町村等の各種相談窓口や関係機関の役割や機能を十分に理解し、それらとの連携の可能性を常に考慮しておくことが望まれます。

（3）保護者及び保護者組織との連携

> ○　放課後児童クラブの活動を保護者に伝えて理解を得られるようにするとともに、保護者が活動や行事に参加する機会を設けるなどして、保護者との協力関係をつくる。

　子どもの生活の連続性を保障し、育成支援の内容をより充実させるためには、保護者が放課後児童クラブの状況や活動について理解し、その運営に協力する関係を築くことが求められます。

　放課後児童クラブは、育成支援の状況や子どもの様子について保護者に説明する機会を設け、理解を得られるように努力することが望まれます。具体的な取組としては、通信や保護者会等を利用して放課後児童クラブの様子を保護者に定期的に伝えるなどがあります。

　また、保護者は、活動や行事に参加したりする中で、自分の子どもだけでなく、放課後児童クラブ全体の子どもの様子やその関わりを知ったり、放課後児童クラブについての理解をより深めることができます。そのためには、保護者が放課後児童クラブの活動や行事に参加あるいは協力する機会を設けるなどの取組を行うことも望まれます。

　なお、保護者が放課後児童クラブの活動や行事、保護者会等へ参加することは、就労状況や家庭の状況等の理由によっては負担となる場合もあります。行事や活動の日程、時間、頻度については保護者の状況や意向に配慮して工夫することが求められます。

> ○　保護者組織と連携して、保護者が互いに協力して子育ての責任を果たせるように支援する。

　保護者同士が交流したり子育てについて協力したりできるようにすることも、放課後児童クラブに求められます。子育てを通じて交流し、協力し合うことができる保護者間の関係が築かれるように、保護者会や保護者が参加する活動や行事の機会を工夫するとともに、父母の会等の保護者組織の活動についても積極的に支援し、連携していくことが望まれます。

5．育成支援に含まれる職務内容と運営に関わる業務

（1）育成支援に含まれる職務内容

　放課後児童クラブにおける育成支援に係る職務内容には、次の事項が含まれる。

> ○　子どもが放課後児童クラブでの生活に見通しを持てるように、育成支援の目標や計画を作成し、保護者と共通の理解を得られるようにする。

　育成支援の目標は、子どもが放課後児童クラブでの生活に見通しを持てるように、子どもの視点に立って作成することが大切です。

　計画は、育成支援の目標に沿って、季節や学校の学期や長期休業等の子どもの生活の節目を意識しながら、年間を見通して作成します。そして、月ごとあるいは週ごと等の計画は、子どもの生活や遊び、子ども同士の関わり等の状況に応じて柔軟に作成し、必要に応じて見直すことも望まれます。

　これらの目標や計画は、放課後児童クラブを運営する上での基本的な考えとなるものであり、運営指針に示されている育成支援の基本に基づいて、子どもの実態、保護者の状況、地域の特性等を踏まえて作成することが必要です。

　また、目標や計画は、年度の初めに保護者に伝え、理解を得るように努める必要があります。

〈参考情報〉　放課後児童クラブにおける１年間の生活の様子

　育成支援の目標や計画は、子どもの生活の節目を意識しながら年間を見通して作成します。子どもの１年間の生活の中では、以下のような変化の節目が想定されます。

４月

　➤新しい1年生を迎え、新年度がスタートします。入学、進級と子ども

達にとっては出会いの時期です。

➤入学式以降しばらくは、1年生だけで過ごす時間もあります。

5月

➤新たな仲間関係がつくられ、新年度の生活リズムが整ってくる反面、疲れも出てくる時期です。

6月

➤子ども同士の関係が安定してくると同時に、遠慮がなくなり、揉めごとも生じる時期です。

➤梅雨時の過ごし方等にも工夫が必要になります。

7月〜8月

➤夏休みの生活リズムに移行する時期です。夏休みならではの過ごし方、暑さ対策等の工夫も必要になります。

9月

➤長期の夏休みが終わり、生活リズムが大きく変わりますので、生活のリズムを整える必要があります。

➤夏の疲れが出やすい時期であり、体調管理にも気を配る必要があります。

10月〜12月

➤放課後児童クラブの生活にも慣れ、遊びや仲間関係が充実します。

➤学校や地域の行事が多く開かれ、子どもは準備に忙しい時期です。また、放課後児童クラブでも季節行事等を子どもと共に取り組みやすい時期でもあります。

➤日照時間が短くなるにつれて、帰り道への配慮も必要になります。

12月〜1月

➤年末年始を含む冬休みの期間です。年末年始は、家庭によって子どもの過ごし方が異なることに配慮が求められます。

2月〜3月

➤退所、進級等の準備の時期であり、新年度に向けての取組も必要になります。

> ○　日々の子どもの状況や育成支援の内容を記録する。

◇　記録の必要性

　放課後児童クラブでは、子どもの様子と育成支援の内容、明日以降へ引き継ぐ必要のある事項等を毎日記録することが求められます。日々の子どもの状況や育成支援の内容について記録することは、放課後児童支援員等が子どもについての理解を深め、育成支援の内容を充実させることにつながります。また、記録することを通じて放課後児童支援員等は自らの育成支援を振り返り、気付きを得ることができ、放課後児童支援員等の間での情報や気付きを共有することが可能となります。

　更に、毎日の記録をもとにした一定期間におけるまとめや事例検討を行うことで、子どもへの関わり、遊びや生活の様子、一人ひとりの子どもの課題等について放課後児童支援員等の反省・評価を加えながら整理を行うことが可能になります。

　記録は、育成支援における放課後児童支援員等の職務の一つとして日常的・継続的に取り組むべきものです。なお、基準第5条第3項では、放課後児童健全育成事業の一般原則として、「放課後児童健全育成事業者は、地域社会との交流及び連携を図り、児童の保護者及び地域社会に対し、当該放課後児童健全育成事業者が行う放課後児童健全育成事業の運営の内容を適切に説明するよう努めなければならない」とされており、このような説明責任を果たすためにも、育成支援の内容を適切に記録しておくことが必要となります。

◇　記録内容の共有と保管の必要性

　育成支援の記録は、回覧するなどして、その内容を放課後児童支援員等の間で共有できるようにします。なお、記録には、個人情報が含まれていたり、守秘義務が求められることが書かれていたりする場合があるため、あらかじめ定められた者以外の人が断りなく見ることができないところや施錠可能な場所に保管するなどして、取扱いに十分留意することが必要です。

○　職場内で情報を共有し事例検討を行って、育成支援の内容の充実、
　　改善に努める。

　開所時間前には、職場内で当日の育成支援の目標や取組内容、１日の過ご
し方について確認するとともに、子どもの状況（出欠席の予定、前日の出来
事の中で共有しておくべき事項等）について共有することが求められます。
また、１日の終わりには、短時間でもその日の育成支援の状況と申し送りの
必要な事項等を確認する打合せを持つことが必要です。
　日々の育成支援の記録や個人記録をもとに、定期的に事例検討を行うこと
も重要です。複数の放課後児童支援員等による事例検討を通じて様々な気付
きが生まれ、個々の子どもに対する理解を深めることができ、育成支援の内
容の改善につながります。

○　通信や保護者会等を通して、放課後児童クラブでの子どもの様子や
　　育成支援に当たって必要な事項を、定期的かつ同時にすべての家庭に
　　伝える。

　放課後児童クラブでは、通信の発行や保護者会の開催等を通じて、定期的
かつ同時にすべての家庭に育成支援の内容についての情報を提供することが
求められます。保護者は、放課後児童クラブでの子ども全体の様子を知るこ
とで、放課後児童クラブで共に過ごす子ども達について知ることができ、保
護者同士の交流の促進にもつながります。
　放課後児童クラブが発行する通信には、日常の子どもの遊びや生活の様子
とともに、行事や活動の予定のほか、連絡事項等を記載することが考えられ
ます。

（2）運営に関わる業務

> 放課後児童クラブの運営に関わる業務として、次の取り組みも必要とされる。
> ・業務の実施状況に関する日誌（子どもの出欠席、職員の服務に関する
> 　状況等）
> ・運営に関する会議や打合せ、申合せや引継ぎ
> ・おやつの発注、購入等
> ・遊びの環境と施設の安全点検、衛生管理、清掃や整理整頓
> ・保護者との連絡調整
> ・学校との連絡調整
> ・地域の関係機関、団体との連絡調整
> ・会計事務
> ・その他、事業運営に関する記録

◇　業務の実施状況に関する日誌

　業務の実施状況に関する日誌は、育成支援の内容についての記録とは趣旨が異なり、日々の業務の中で行った事柄を客観的な記録として残すものです。業務に関する日誌には、「日付」「開所時間」「子どもの出欠席人数、出欠席状況」「開所時間前後の業務内容」「職員の勤務状況」「主な活動」「行事」「事故やケガの発生状況とその対処」「おやつに関すること」「学校との連絡」「関係機関との連絡」等を記載することが考えられます。

◇　運営に関する会議や打合せ、申合せや引継ぎ

　運営に関する打合せ、申合せや引継ぎを実施する際には、事前に文書を作成しておくことで、情報共有がより円滑になります。また、終了後には議事録を作成し、議論した内容を職場内で共有することが求められます。

　なお、打合せや申合せ、引継ぎの中で話し合われた事項については、すべての放課後児童支援員等に確実に伝達されるようにすることが求められます。

◇　おやつの発注、購入等

　放課後児童クラブごとにおやつを発注、購入する場合は、メニュー、予算、食物アレルギー対応にも留意して準備を進めることが必要です。

◇　遊びの環境と施設の安全点検、衛生管理、清掃や整理整頓

　子どもの遊びの環境と施設の安全点検は、毎日実施します。点検に際しては、点検表等を活用し、確認事項に漏れがないようにすることが求められます。

　また、子どもが過ごす生活環境について衛生管理を徹底するために、日々の清掃や整理整頓が必要です。

◇　保護者との連絡調整

　放課後児童クラブの運営に関わることや子どもの遊びや生活の様子について、保護者に適宜連絡調整することが求められます。

　なお、連絡調整に当たっては、保護者との伝達事項について個人情報の保護や知り得た事柄の秘密保持に留意することが必要です。

◇　学校との連絡調整

　学校との連絡調整の内容としては、子どもの下校時刻の確認、下校時のトラブルや子どもの病気・事故等の際の連絡調整、年間計画や行事予定等の情報共有等のほか、新年度には放課後児童クラブに在籍する子どもを知らせておくこと、緊急時の対応方法を確認しておくこと等が考えられます。

　なお、学校との連絡調整に当たっては、あらかじめ個人情報の保護や秘密保持についてのルールを取り決めておくことが求められます。

◇　地域の関係機関、団体との連絡調整

　放課後児童クラブの子どもの生活が地域社会の中で理解され、協力を得られるようにするために、自治会・町内会や民生委員・児童委員（主任児童委員）等の地域組織、児童館や保育所、幼稚園等と日常的に連絡調整を円滑に行うことも、放課後児童クラブの運営に関わる業務として位置付けられます。

◇　**会計事務**

　放課後児童クラブにおいて現金を取り扱う場合には、会計の記録は帳簿に付けて保管し、決算について第三者が監査を行う必要があります。また、現金は必ず金融機関に預けるようにし、通帳等も施錠できる場所に保管するなど、万全の管理体制をとります。

◇　**その他、事業運営に関する記録**

　施設設備等の安全点検の実施記録、物品の購入・保管の記録、避難訓練の記録、放課後児童クラブ内外の会議について記録し、期限を定めて保存します。

第4章　放課後児童クラブの運営

　この章は、基準に基づく職員体制や集団の規模等の具体的な内容を記述しています。運営に関して取り上げた項目は、「職員体制」「子どもの集団の規模（支援の単位）」「開所時間及び開所日」「利用の開始に関わる留意事項」「運営主体」「労働環境整備」「適正な会計管理及び情報公開」です。この章のすべての項目は基準の条文を踏まえています。

1．職員体制

> （1）放課後児童クラブには、年齢や発達の状況が異なる子どもを同時にかつ継続的に育成支援を行う必要があること、安全面での管理が必要であること等から、支援の単位ごとに2人以上の放課後児童支援員（基準第10条第3項各号のいずれかに該当する者であって、都道府県知事が行う研修を修了したもの）を置かなければならない。ただし、そのうち1人は、補助員（放課後児童支援員が行う支援について放課後児童支援員を補助する者）に代えることができる。

　放課後児童クラブでは年齢や発達の状況が異なる多様な子どもが一緒に過ごしており、その中で子ども一人ひとりがそれぞれの発達段階に応じた主体的な遊びや生活ができるようにすることが求められます。そのために、放課後児童支援員等は、一人ひとりの心身の状態を把握しながら、年齢や発達の状況が異なる子どもに同時かつ継続的に育成支援を行う必要があります。

　ケガや子ども同士のけんか等への対応や、安全面での管理も求められます。ケガや子ども同士のけんか等が生じた場合、そのことに対応する職員と当事者以外の子どもに対応する職員が必要になります。また、放課後児童クラブでは、子ども達が複数の場所でそれぞれに活動することがあります。更に、放課後児童支援員等は、子どもが放課後児童クラブにいる時間に電話対応、連絡帳の確認と記入、おやつの準備等も行います。

　従って、一つの子どもの集団（支援の単位）に複数の放課後児童支援員等

を配置することが必要です。支援の単位については、基準第10条第4項で「第二項の支援の単位は、放課後児童健全育成事業における支援であって、その提供が同時に一又は複数の利用者に対して一体的に行われるものをいい、一の支援の単位を構成する児童の数は、おおむね四十人以下とする」とされています。

　なお、基準第10条第2項では、「放課後児童支援員の数は、支援の単位ごとに二人以上とする」とされ、ただし、「その一人を除き、補助員（略）をもってこれに代えることができる」とされています。

> （2）放課後児童支援員等は、支援の単位ごとに育成支援を行わなければ
>   ならない。なお、放課後児童クラブを利用する子どもが20人未満の場
>   合で、放課後児童支援員のうち1人を除いた者又は補助員が同一敷地
>   内にある他の事業所、施設等の職務に従事している場合等は、この限
>   りではない。

　基準第10条第5項では、放課後児童支援員等は、「支援の単位ごとに専ら当該支援の提供に当たる者でなければならない」とされています。このことは、原則として、支援の提供時間帯を通じて他の職務に従事しないこと[11]をいいます。その上で、同項では「利用者が二十人未満の放課後児童健全育成事業所であって、放課後児童支援員のうち一人を除いた者又は補助員が同一敷地内にある他の事業所、施設等の職務に従事している場合その他の利用者の支援に支障がない場合は、この限りでない」とされています。

> （3）子どもとの安定的、継続的な関わりが重要であるため、放課後児童
>   支援員の雇用に当たっては、長期的に安定した形態とすることが求め
>   られる。

　放課後児童クラブにおける育成支援は、集団として安定した生活を維持することと同時に個別の子どもに対する情緒面等での対応が必要とされ、その

11　「放課後児童健全育成事業の設置及び運営に関する基準について」（平成26年5月30日雇児発0530第1号厚生労働省雇用均等・児童家庭局長通知）より

中で、子ども一人ひとりと集団全体の生活を豊かにすることが求められます。そのため、放課後児童支援員は、子どもと安定的に継続的な関わりを持てるように専任として配置されることが必要になります。また、対象となる子どもが「小学生」とされたことによって、子どもが数年にわたって放課後児童クラブに在籍することも想定されるため、より一層、子どもと安定的に継続的な関わりを持てるような体制を整えることが求められます。

　そのため、放課後児童支援員の雇用に当たっては、雇用形態を長期的に安定したものとし、放課後児童支援員が長期にわたって安心して就業できるよう、処遇改善や労働環境の整備にも努めることが求められます。

> （4）放課後児童支援員等の勤務時間については、子どもの受入れ準備や
> 　　打合せ、育成支援の記録作成等、開所時間の前後に必要となる時間を
> 　　前提として設定されることが求められる。

　育成支援に関わる業務には、子どもの受入れ準備、打合せ、育成支援の記録作成、清掃・片付け、配布物等の作成、事務処理等が含まれます。これらの業務は開所時間の前後に行うことが望ましいことから、放課後児童支援員等の勤務時間については、開所時間の前後に必要な準備時間を設けることを前提として設定されることが求められます。

2．子ども集団の規模（支援の単位）

（1）放課後児童クラブの適切な生活環境と育成支援の内容が確保される
　　ように、施設設備、職員体制等の状況を総合的に勘案し、適正な子ど
　　も数の規模の範囲で運営することが必要である。
（2）子ども集団の規模（支援の単位）は、子どもが相互に関係性を構築
　　したり、１つの集団としてまとまりをもって共に生活したり、放課後
　　児童支援員等が個々の子どもと信頼関係を築いたりできる規模として、
　　おおむね40人以下とする。

　放課後児童クラブにおいて、子どもが安心して、安定的に生活するために
は、施設設備、職員体制とともに、適正な子ども集団の規模で運営する必要
があります。

　放課後児童クラブにおける子ども集団の規模（支援の単位）については、
子どもの情緒面への配慮や安全の確保の観点から、どの程度の人数規模が望
ましいのかという「子どもの視点」を持つことが何より重要です。そうした
視点に立つと、子どもが相互に関係を構築したり、一つの集団としてまとま
りを持って生活したり、職員が個々の子どもと子ども集団との信頼関係を築
いたりすることができる人数として、おおむね40人程度までが適当と考えら
れます。

　これに基づき、基準第10条第4項では、子ども集団の規模（支援の単位）
について「おおむね四十人以下とする」と定められています。

３．開所時間及び開所日

> （１）開所時間及び開所日については、保護者の就労時間、学校の授業の
> 　終了時刻その他の地域の実情等を考慮して、当該放課後児童クラブご
> 　とに設定する。
> （２）開所時間については、学校の授業の休業日は１日につき８時間以上、
> 　学校の授業の休業日以外の日は１日につき３時間以上の開所を原則と
> 　する。なお、子どもの健全育成上の観点にも配慮した開所時間の設定
> 　が求められる。
> （３）開所する日数については、１年につき250日以上を原則として、保
> 　護者の就労日数、学校の授業の休業日その他の地域の実情等を考慮し
> 　て、当該放課後児童クラブごとに設定する。

　放課後児童クラブの開所時間及び開所日は、保護者の就労時間、学校の授業の終了時刻、子どもの放課後の状況や１日の生活、その他の地域の実情等を考慮して設定する必要があります。その際、学校の授業の休業日（土曜日、日曜日、長期休業期間等）の開所時間は、終了時刻だけでなく、開始時刻についても保護者の就労状況等を考慮することが求められます。保護者の就労時間や就労状況が多様化している実態を踏まえて、地域における保育所の開所時間や開所日等も参考にすることが望まれます。

　また、子どもの健全な育成という観点に配慮することも重要です。学校生活や家庭生活を含めた子どもの生活全体のリズムや発達面に与える影響等も考慮しながら放課後児童クラブの開所時間や開所日を設定する必要があります。

> （４）新１年生については、保育所との連続性を考慮し、４月１日より受
> 　け入れを可能にする必要がある。

　放課後児童クラブに入所する新１年生の子どもの多くは、保護者の就労等により保育所に通っていた子どもであり、前年度末に保育所を卒園します。放課後児童クラブに入所するまでの間に空白期間が生じることのないよう、４月１日から放課後児童クラブで受入れを可能にすることが求められます。

4．利用の開始等に関わる留意事項

> （1）放課後児童クラブの運営主体は、放課後児童クラブの利用の募集に当たり、適切な時期に様々な機会を活用して広く周知を図ることが必要である。その際には、利用に当たっての留意事項の明文化、入所承認の方法の公平性の担保等に努める必要がある。
>
> （2）放課後児童クラブの利用を希望する保護者等に対しては、必要な情報を提供することが求められる。

　放課後児童クラブの運営主体は、利用の募集に当たり、事業目的・内容、利用要件、利用料、申込手続方法等についてわかりやすく掲載した入所案内を作成した上で、放課後児童クラブの利用を希望する保護者に必要な情報を提供することが求められます。

　作成した入所案内は、市町村の窓口で配布したりホームページに掲載するなどにより、広く周知を図ることが必要です。それらの情報は常時公開しておくことで、利用を希望する際にはいつでも情報を得られるようにしておきます。なお、次年度に入学予定の子どもがいる家庭のためには、毎年秋から冬にかけて行われる学校の入学説明会や就学時健康診断での配布を可能にするなどして、情報を入手しやすいよう工夫することが望まれます。

　この際、放課後児童クラブが定める事業の運営に関する規程に基づき、事業の運営方針や利用に当たっての留意事項等について明文化し、放課後児童クラブの利用を希望する保護者が確認できるようにしておくことが望まれます。また、放課後児童クラブの入所の決定については、入所の審査と決定の仕組みを定め、可能な限りそれに則って公平性を保って行うことが望まれます。なお、この仕組みの定めに当たっては、ひとり親家庭等の優先利用の考え方や利用手続き等の留意事項に関する厚生労働省の通知「放課後児童健全育成事業の事務手続に関する留意事項について」（平成28年9月20日雇児総発0920第2号厚生労働省雇用均等・児童家庭局総務課長通知）を踏まえることとも望まれます。

〈関連法令・通知等〉

放課後児童健全育成事業の事務手続に関する留意事項について（平成28年
９月20日雇児総発0920第２号厚生労働省雇用均等・児童家庭局総務課長通
知）より

1　優先利用の基本的考え方について

（３）優先利用の基本的考え方及び対象として考えられる事項

　　放課後児童クラブを利用できなかった児童（以下「待機児童」とい
う。）の発生状況に加え、事前に予測される事案や個別事案ごとへの
対応の必要性等の観点を踏まえ、事案に応じて受入れの優先度を高め
ることにより、優先利用を可能とする仕組みが考えられる。

　　その際、優先的な受入れが実際に行われるよう、地域における受入
体制を確認し、市町村子ども・子育て支援事業計画に基づく提供体制
の確保等を着実に実施していることが必要となる。

　　これらを踏まえ、優先利用の対象として考えられる事項について例
示をすると次のとおりである。ただし、それぞれの事項については、
適用される児童・保護者、状況、体制等が異なることが想定されるた
め、運用面の詳細を含め、実施主体である市町村において、それぞれ
検討・運用する必要があることに御留意いただきたい。

①　ひとり親家庭

（略）

②　生活保護世帯（就労による自立支援につながる場合等）

③　主として生計を維持する者の失業により、就労の必要性が高い場合

④　虐待又はＤＶのおそれがあることに該当する場合など、社会的養護
が必要な場合

⑤　児童が障害を有する場合

⑥　低学年の児童など、発達の程度の観点から配慮が必要と考えられる児童

⑦　保護者が育児休業を終了した場合

（略）

⑧　兄弟姉妹（多胎で生まれた者を含む。）について同一の放課後児童クラブの利用を希望する場合

⑨　その他市町村が定める事由

※このほか、保護者の疾病・障害の状況や各世帯の経済状況（所得等）を考慮することも考えられる。

※また、市町村の判断により、人材確保・育成や就業継続による全体へのメリット等の観点から、放課後児童支援員等の子どもの利用に当たって配慮することも考えられる。

※併せて、保育士、幼稚園教諭、保育教諭の子どもの利用に当たって配慮することも考えられる。

2　放課後児童健全育成事業に関する情報収集及び利用手続等について

（2）放課後児童健全育成事業の利用手続について

（略）

　　放課後児童健全育成事業の利用手続については、市町村が情報の収集を行い、利用のあっせん、調整及び事業者への要請を行うとした児童福祉法第21条の11の趣旨に基づき、可能な限り利用申込先及び利用決定機関を市町村とすることが考えられるが、地域の実情に応じ市町村以外の者を利用申込先及び利用決定機関とする場合にも、市町村が各放課後児童クラブの利用申込や待機児童の状況等について随時報告を受ける等により、利用状況を把握し、利用のあっせん、調整及び事業者への要請を行うことができるような実施体制を構築することが望ましい。

（略）

> （3）利用の開始に当たっては、説明会等を開催し、利用に際しての決ま
> り等について説明することが求められる。

　利用の開始に当たっては、説明会等を開催し、放課後児童クラブでの生活
や活動内容、来所・帰宅の方法やルール、利用に当たっての決まり、利用に
際して準備が必要なもの等について説明することが求められます。同時に、
放課後児童クラブが加入している損害賠償保険や傷害保険の内容についての
説明も必要です。

　説明が求められる事項については、「利用のしおり」等の形でまとめて保
護者に配布することも望まれます。

〈関連法令・通知等〉

社会福祉法（昭和26年法律第45号）より
福祉サービスの提供等に関する関係条文

（利用契約の申込み時の説明）
第76条　社会福祉事業の経営者は、その提供する福祉サービスの利用を希
　　　望する者からの申込みがあった場合には、その者に対し、当該福祉サー
　　　ビスを利用するための契約の内容及びその履行に関する事項について
　　　説明するよう努めなければならない。
（利用契約の成立等の書面の交付）
第77条　社会福祉事業の経営者は、福祉サービスを利用するための契約（厚
　　　生労働省令で定めるものを除く。）が成立したときは、その利用者に
　　　対し、遅滞なく、次に掲げる事項を記載した書面を交付しなければな
　　　らない。
　　一　当該社会福祉事業の経営者の名称及び主たる事務所の所在地
　　二　当該社会福祉事業の経営者が提供する福祉サービスの内容
　　三　当該福祉サービスの提供につき利用者が支払うべき額に関する事項

四　その他厚生労働省令で定める事項

②　社会福祉事業の経営者は、前項の規定による書面の交付に代えて、政令の定めるところにより、当該利用者の承諾を得て、当該書面に記載すべき事項を電子情報処理組織を使用する方法その他の情報通信の技術を利用する方法であつて厚生労働省令で定めるものにより提供することができる。この場合において、当該社会福祉事業の経営者は、当該書面を交付したものとみなす。

（4）特に新1年生の環境変化に配慮して、利用の開始の前に、子どもや家庭の状況、保護者のニーズ及び放課後児童クラブでの過ごし方について十分に保護者等と情報交換することが求められる。

　利用の開始に際しては、個別に保護者と書面のやり取りあるいは面談を通じて、来所・帰宅の時間と方法、子どもの健康状態、子どもや家庭の状況、食物アレルギー等の有無、保護者のニーズ等について把握、確認することが求められます。

　環境の大きな変化が子どもの情緒や健康状態に影響を及ぼす場合があるため、新1年生については特に配慮することが重要です。また、食物アレルギー等への対応は利用開始時からすぐに必要です。このため、把握しておくべき情報については、利用開始前に保護者と十分に情報交換を行って共通理解を持ち、保護者の不安を払拭して信頼関係を構築できるように努めることが重要です。

（5）子どもが放課後児童クラブを退所する場合には、その子どもの生活の連続性や家庭の状況に配慮し、保護者等からの相談に応じて適切な支援への引き継ぎを行う。

　子どもが放課後児童クラブを退所する場合、退所後の過ごし方について子どもや保護者に事前に確認し、それに向けた準備ができるよう、保護者への

情報提供や子どもへの働きかけ等、必要な支援を行うことが望まれます。また、退所に伴う居場所の変化が子どもの心理に与える影響にも配慮し、円滑に生活を移行していけるように、保護者と連携して支援することが重要です。

　放課後児童クラブを退所した後も放課後の生活において何らかの支援を必要とする場合には、その子どもの生活の連続性や家庭の状況に配慮し、保護者等からの相談に応じて他機関の紹介等を行い、適切な支援への引継ぎを行うことが望まれます。

5．運営主体

(1) 放課後児童健全育成事業は、市町村が行うこととし、放課後児童クラブの運営については、育成支援の継続性という観点からも、安定した経営基盤と運営体制を有し、子どもの健全育成や地域の実情についての理解を十分に有する主体が、継続的、安定的に運営することが求められる。

　平成24年8月に成立した子ども・子育て支援法では、放課後児童健全育成事業は、市町村が実施の責任を担う「地域子ども・子育て支援事業」として位置付けられています。また、事業の質を確保するために、同法成立に伴う児童福祉法の一部改正において、児童福祉法第34条8の2第1項では「市町村は、放課後児童健全育成事業の設備及び運営について、条例で基準を定めなければならない。この場合において、その基準は、児童の身体的、精神的及び社会的な発達のために必要な水準を確保するものでなければならない」とされ、市町村が条例で設備及び運営についての基準を定めるべきことが規定されました。そして、児童福祉法第34条8の2第2項では、その条例を市町村が定める際には「厚生労働省令で定める基準を参酌するものとする」とされています。

　放課後児童クラブの運営は、育成支援の継続性という観点からも、子どもの福祉について十分に理解し、安定した経営基盤と運営体制を有する主体が安定的・継続的に担っていくことが求められます。また、運営主体は、地域の実情についても十分に理解していることが求められます。

(2) 放課後児童クラブの運営主体は、次の点に留意して運営する必要がある。

○　子どもの人権に十分配慮するとともに、一人ひとりの人格を尊重して、その運営を行う。

　放課後児童クラブの運営主体は、「児童福祉法」「児童の権利に関する条約」「障害者の権利に関する条約」等において規定される子どもの人権を尊重す

ることについて十分に理解した上で、子ども一人ひとりの人格を尊重して事業の運営及び育成支援に当たる必要があります。

> ○　地域社会との交流及び連携を図り、子どもの保護者及び地域社会に対し、放課後児童クラブの運営の内容を適切に説明するように努める。

　放課後児童クラブは、地域社会の中で子育てに関わって重要な役割と責任を担っている事業です。そのため、放課後児童クラブの運営主体には、地域の中で放課後児童クラブの存在や役割が十分に理解され、地域社会との交流や連携によって育成支援の内容がより豊かになるように努めることが求められます。

　地域社会の理解を得ていくためには、放課後児童クラブが行う育成支援の内容について、地域における事業の利用者である保護者に適切に説明することが必要です。そして、そこで説明する育成支援の内容について、自治会・町内会や民生委員・児童委員（主任児童委員）等の地域組織や子どもに関わる関係機関等にも適切に説明するよう努める必要があります。

> ○　放課後児童クラブの運営の内容について、自ら評価を行い、その結果を公表するように努める。

　放課後児童クラブの運営主体には、その公共性から、自らの運営内容について評価を行い、その結果を踏まえて放課後児童支援員等と話し合い、事業の改善を図ることが求められます。また、保護者や地域社会に放課後児童クラブの取組の実情を明らかにし、説明責任を果たすために、自己評価の結果を公表するように努めることが求められます。なお、社会福祉法第78条では、自らその提供する福祉サービスの質の評価の実施とそれに基づくサービスの質の確保が、社会福祉事業の経営者の責務として位置付けられています。

〈関連法令・通知等〉

社会福祉法（昭和26年3月29日法律第45号）より

（福祉サービスの質の向上のための措置等）
第78条　社会福祉事業の経営者は、自らその提供する福祉サービスの質の
　　　評価を行うことその他の措置を講ずることにより、常に福祉サービス
　　　を受ける者の立場に立つて良質かつ適切な福祉サービスを提供するよ
　　　う努めなければならない。

○　子どもや保護者の国籍、信条又は社会的身分による差別的な扱いを
　しない。

　放課後児童クラブは、児童の権利に関する条約第2条の規定に基づき、そ
の運営や育成支援に当たって、子どもや保護者に、国籍、信条又は社会的身
分による差別的な扱いをしてはなりません。

○　放課後児童クラブごとに事業の運営についての重要事項（①事業の目
　的及び運営の方針、②職員の職種、員数及び職務の内容、③開所時間及
　び開所日、④育成支援の内容及び利用料、⑤定員、⑥事業の実施地域、
　⑦事業の利用に当たっての留意事項、⑧緊急時等における対応方法、
　⑨非常災害対策、⑩虐待の防止のための措置に関する事項、⑪その他
　事業の運営に関する重要事項）に関する運営規程を定め、また、職員、
　財産、収支及び利用者の処遇の状況を明らかにする帳簿を整備する。

　放課後児童クラブごとに、事業の運営についての重要事項に関する運営規
程を定め、職員、財産、収支及び利用者の処遇の状況を明らかにする帳簿を
整備する必要があります。このことについて、基準第14条では「放課後児童
健全育成事業者は、放課後児童健全育成事業所ごとに、次の各号に掲げる事

142

業の運営についての重要事項に関する運営規程を定めておかなければならない」、第15条は「放課後児童健全育成事業者は、職員、財産、収支及び利用者の処遇の状況を明らかにする帳簿を整備しておかなければならない」とされています。なお、基準第14条に定められる事業の運営についての重要事項は次の11項目です。

1　事業の目的及び運営の方針

2　職員の職種、員数及び職務の内容

3　開所している日及び時間

4　支援の内容及び当該支援の提供につき利用者の保護者が支払うべき額

5　利用定員

6　通常の事業の実施地域

7　事業の利用に当たっての留意事項

8　緊急時等における対応方法

9　非常災害対策

10　虐待の防止のための措置に関する事項

11　その他事業の運営に関する重要事項

> ○　放課後児童クラブの運営主体に変更が生じる場合には、育成支援の継続性が保障され、子どもへの影響が最小限に抑えられるように努めるとともに、保護者の理解が得られるように努める必要がある。

　放課後児童クラブの運営主体に変更が生じる場合には、市町村及び運営主体は、育成支援の継続性が保障され、子どもへの影響が最小限に抑えられるようにするとともに、保護者の理解が得られるように努める必要があります。

　市町村は、事業の実施主体として、運営主体の変更が子どもに与える影響を最小限に抑えられるように、急激な変化を抑制するための必要な手立てや保護者への説明を行う必要があります。また、放課後児童クラブの運営主体は、年度途中の急な運営の中止等は極力行わないようにする、運営主体に変更が生じる場合には事前に保護者に説明するなど、子どもへの影響を最小限に抑えられるように努めることが必要です。

6．労働環境整備

> （1）放課後児童クラブの運営主体は、放課後児童支援員等の労働実態や
>   意向を把握し、放課後児童支援員等が健康で意欲を持って就業できる
>   ように、労働環境の整備に努める必要がある。

　放課後児童クラブの運営主体は、労働基準法（昭和22年法律第49号）を遵守した就業規則等を定め、勤務時間、休暇取得状況等の労働実態を把握するとともに、放課後児童支援員等から定期的に職場環境や働き方に関する意向を把握することが求められます。これらの取組を通じて労働環境を整備し、放課後児童支援員等が健康に、かつ意欲を持って仕事に取り組めるように努める必要があります。

> （2）放課後児童支援員等の健康管理や放課後児童クラブとしての衛生管
>   理の観点から、健康診断等の実施が必要である。

　放課後児童クラブの運営主体は、労働者を雇用する事業者の責任として、放課後児童支援員等の健康管理の観点から、労働安全衛生法（昭和47年法律第57号）その他関連法令の定めるところにより、常時従事する放課後児童支援員等の雇入時の健康診断、年1回の定期健康診断等を実施することが必要です。

　また、放課後児童クラブは、子どもが集団生活を営む場であるため、多数の子どもが共に生活する環境が清潔に保たれるように、日頃から手洗い場（蛇口等）、台所設備、おやつ用の食器、トイレ、下駄箱、床・畳（カーペット）、棚、掃除用具、ドアノブ、玩具等の衛生管理を行います。施設設備等の清掃・消毒については、マニュアルやチェックリスト等を定めて計画的に行うとともに、実施点検した結果について記録することも必要です。これらのことは、放課後児童支援員等の労働環境整備としても必要です。

（3）放課後児童支援員等が、業務中あるいは通勤途上で災害等にあった
場合の補償を行うため、事業主として労災保険に加入しておくことが
必要である。また、必要に応じて厚生保険や雇用保険にも加入してお
くことが求められる。

　放課後児童クラブの運営主体は、放課後児童支援員等が業務中あるいは通
勤途上で災害等にあった場合に補償を行うため、労働者を雇用する事業主と
して労働者災害補償保険（労災保険）に加入しておく必要があります。また、
健康保険、厚生年金保険や雇用保険等の社会保険制度への加入については、
関連法令の定めにより適切な対応をとることが求められます。

7．適正な会計管理及び情報公開

> （1）利用料等の徴収、管理及び執行に当たっては、定期的な検査や決算報告を行い、適正な会計管理を行うことが必要である。

　放課後児童クラブの公益性に照らし、保護者から利用料等を徴収する場合は、徴収の手続きや管理及び執行を適正に行い、その執行状況や決算報告について定期的に監査や決算報告を行い、適正な会計管理を行うことが必要です。

> （2）社会福祉法（昭和26年法律第45号）第75条第1項の規定に基づき、福祉サービスを利用しようとする者が適切かつ円滑にこれを利用できるように、社会福祉事業を運営する事業者には、事業の内容に関する情報の提供についての努力義務が課せられている。このため、放課後児童クラブの運営主体は、会計処理や運営状況について、保護者や地域社会に対して情報公開することが求められる。

　社会福祉法第75条第1項では、「社会福祉事業の経営者は、福祉サービス（略）を利用しようとする者が、適切かつ円滑にこれを利用することができるように、その経営する社会福祉事業に関し情報の提供を行うよう努めなければならない」とされています。このことを踏まえ、放課後児童クラブの運営主体についても、事業内容や財務及び収支の状況等についてわかりやすい情報公開を推進して、保護者や地域社会に対する説明責任を果たし、運営の適切性を担保することが求められます。

　なお、社会福祉法人については、社会福祉法において、貸借対照表、収支計算書、事業報告書、財産目録及び現況報告書等の作成、備置き及び閲覧等について規定されているので、これに沿った対応が必要です。

第5章　学校及び地域との関係

　この章は、学校及び地域との連携に当たっての情報交換等の必要性や方法等の内容を記述しています。なお、「学校、児童館を活用して実施する放課後児童クラブ」では、学校施設を活用して放課後児童クラブを実施する場合に必要となることや運営上の留意点と、児童館を活用して実施する場合の留意点を示しています。

1．学校との連携

> （1）子どもの生活の連続性を保障するために、情報交換や情報共有、職員同士の交流等によって学校との連携を積極的に図る。

　放課後児童クラブに通う子どもは自宅、学校、放課後児童クラブで1日の多くの時間を過ごしています。放課後児童支援員等は、子どもが日々の生活を円滑に過ごすことができるよう、安全面も含めて学校と情報交換や情報共有をし、子どもの生活の連続性を保障する必要があります。

　学校との連携を図るためには、放課後児童クラブの事業案内や行事の予定、放課後児童クラブに在籍する子どもの名簿等を届けるなどして、放課後児童クラブでの生活の様子を学校に伝えます。そして、学校から授業時間や年間行事の予定と学校だより・学年だより等を知らせてもらいます。特に1年生については、環境の変化が大きいことを考慮して、4月当初は緊密な連携を図ることが大切です。

　学校からの下校時刻に加え、学校行事等の予定もあらかじめ把握することは、下校後の子どもの心身の変化に気付き、細やかに対応できるようにするためにも必要なことです。また、子どもが放課後児童クラブに来所する予定だったのに来ていない、体調が優れないなど、何か変化や問題が生じた際には、学校とすぐに連絡調整ができる関係を構築しておくことが求められます。

　更に、公開授業や学校行事に参加するなどして、学校での子どもの様子を知る機会を積極的に作るよう心掛け、学校からも子どもの放課後児童クラブ

での生活に関わる情報を伝えてもらえるような関係を築くことも望まれます。

> （2）学校との情報交換や情報共有は日常的、定期的に行い、その実施に当たっては、個人情報の保護や秘密の保持についてあらかじめ取り決めておく。

◇　学校との日常的、定期的な情報交換・情報共有

　学校との情報交換や情報共有は日常的に行う必要があるほか、行事等で交流したり連携の窓口担当者同士が面談したりするなど、定期的な情報交換や情報共有、交流等の機会を設けることも重要です。

　設置場所が学校内か学校外かに関わらず、放課後児童クラブに学校との連携の窓口担当者を置くことが求められます。学校からも連絡の際の窓口となる担当者を知らせてもらうと、連携がスムーズになります。可能であれば、担当者同士が面談する機会を、年間を通して定期的に設けられるようにすることが望まれます。

　更に、保護者からも、学校に対して子どもが放課後児童クラブに在籍していることや放課後児童クラブでの様子等を伝えてもらうなどして、保護者の協力のもとで日常的に学校との連携を図ることが望ましいといえます。

◇　個人情報の保護や秘密の保持についての取り決め

　放課後児童クラブが入手した個人情報や放課後児童支援員等が職務上知り得た情報については、放課後児童クラブとしてあらかじめ情報の管理や取扱いのルールを取り決めておき、責任を持って情報を管理しなければなりません。なお、子どもに関して、保育所、幼稚園等に情報提供をしたり情報を得たりする際には、その情報に個人情報や本人にとって秘密とみなされる情報が含まれていることもあるため、原則として、情報を共有することについて保護者から同意を得る必要があります。

> （3）子どもの遊びと生活の場を広げるために、学校の校庭、体育館や余
> 裕教室等を利用できるように連携を図る。

　子どもの遊びや活動の内容を広げ、放課後児童クラブに在籍していない子
どもと交流を深められるようにするために、日常的に学校の校庭、体育館や
余裕教室等の利用ができるよう、学校や教育委員会・市町村の担当部局との
連携を図ることが求められます。このような形での連携は、学校に、放課後
児童クラブでの生活や子どもの様子を知ってもらう機会にもなります。

　学校施設の利用に当たっては、学校の理解と協力が不可欠です。放課後児
童クラブの市町村の担当部局と教育委員会の間において連携、協力の方針に
ついて確認した上で、放課後児童クラブが学校と日常的に交流を深め、協力
関係を築くことが望まれます。特に、学校敷地内、あるいは学校に隣接して
いる放課後児童クラブの運営においては、学校の施設管理・運営と密接な関
わりを持つことになるため、協力関係を築くことがより一層重要になります。

　なお、放課後児童クラブが学校施設を利用する際には、利用のルール、事
故やケガ、器物破損が生じた際の対応等の取決めについて事前に学校と協議
しておくことが求められます。

２．保育所、幼稚園等との連携

> （１）新１年生については、子どもの発達と生活の連続性を保障するために、保育所、幼稚園等と子どもの状況について情報交換や情報共有を行う。

　放課後児童クラブに通う新１年生は、学校の入学式よりも早く、放課後児童クラブでの生活が始まります。また、新１年生は、保育所、幼稚園等から学校入学への移行期の環境の変化が大きいため、とりわけ４月当初は家庭や学校と連携して丁寧な支援を行い、子どもの生活の連続性を保障する必要があります。

　放課後児童支援員等は、子どもが通っていた保育所、幼稚園等と連絡をとるなど、積極的に交流を図ることが求められます。放課後児童クラブにおける生活や子どもの様子、また、利用の募集時には、利用の要件や申込方法等を保育所、幼稚園等の職員に積極的に伝え、情報共有を行うことが望まれます。

　市町村や各学校区等で行われている保育所、幼稚園等と学校の連絡会・情報交換会に放課後児童クラブも参加できるように努め、日頃の生活や活動の様子を共有するとともに、特に配慮を必要とする子ども等については丁寧に情報を共有することが必要です。

　なお、子どもに関して、保育所、幼稚園等に情報提供をしたり情報を得たりする際には、その情報に個人情報や他者に知られたくない情報が含まれていることもあるため、原則として、情報を共有することについて保護者から同意を得る必要があります。また、こうした連携を進めていくためには、双方の担当部局との連携による協力も不可欠です。

> （２）保育所、幼稚園等との子ども同士の交流、職員同士の交流等を行う。

　放課後児童クラブに入所する前から、子どもが放課後児童クラブでの放課後の生活についてのイメージを持てるように、保育所、幼稚園等と放課後児童クラブの子ども同士の交流や職員同士の交流を深めることが望まれます。

例えば、保育所、幼稚園等に通う年長児が放課後児童クラブを訪問したり、お互いの行事に参加したりするなどの取組が考えられます。

　また、放課後児童クラブと保育所、幼稚園等がお互いの活動の内容や子どもの様子について理解を深めるために、見学や打合せ等を通じて職員同士の交流を深めていくことも望まれます。

3．地域、関係機関との連携

（1）放課後児童クラブに通う子どもの生活について地域の協力が得られるように、自治会・町内会や民生委員・児童委員（主任児童委員）等の地域組織や子どもに関わる関係機関等と情報交換や情報共有、相互交流を図る。

　放課後児童クラブの行事に地域の人々を招待したり、放課後児童支援員等や子どもが地域の行事や他の関係機関が主催する行事に参加したりするなどの交流を通じて、地域から放課後児童クラブの存在やその役割が認知され、親しみを持ってもらえるように努めることが大切です。地域との交流を深めることは、不審者情報等を含めた地域の様々な情報について、地域組織や子どもに関わる関係機関等と日常的・継続的に情報共有ができる関係を構築することにもつながります。

　放課後児童支援員等は、放課後児童クラブに通う子どもの生活が地域の中で円滑に営まれるように、日頃から地域の状況について把握するよう努めることが求められます。地域組織や子どもに関わる関係機関等だけでなく、交通事情や地域の安全の状況等、子どもの生活を視野に入れた近隣環境についても調べておくことが望まれます。

　同時に、こうした放課後児童クラブと地域組織や子どもに関わる関係機関等との関わりや、そこで得られた地域の情報を保護者にも伝えることによって、保護者が地域の子どもに関する活動等に関わることを支援することも望まれます。

（2）地域住民の理解を得ながら、地域の子どもの健全育成の拠点である児童館やその他地域の公共施設等を積極的に活用し、放課後児童クラブの子どもの活動と交流の場を広げる。

　小学生になると、子どもの活動範囲や興味・関心も大きく広がります。放課後児童クラブの中だけではなく、周辺にある公園や児童遊園、児童館、図書館等地域の公共施設等も積極的に活用し、屋外での遊びや活動を行うこと

も重要です。そのため、放課後児童クラブの近隣にある、子どもが利用できる地域の公共施設や事業等を把握し、積極的に活用することが求められます。このことにより、放課後児童クラブの子どもの活動と交流の場が広がり、放課後児童クラブに通っていない子どもとの交流の場を広げることもできます。

> （3）事故、犯罪、災害等から子どもを守るため、地域住民と連携、協力
> して子どもの安全を確保する取り組みを行う。

　放課後児童クラブに通う子どもは、学校から直接放課後児童クラブに来所し、学校の下校時刻よりも遅い時間帯に自宅へ帰ります。地域の人々に放課後児童クラブに通う子どものことについて知ってもらうことは、子どもを見守り支える地域づくりの観点からも大切なことです。

　放課後児童支援員等は、子どもが学校から放課後児童クラブに来所する時、家庭と放課後児童クラブの行き来、地域の中の遊び場等と放課後児童クラブの行き来も含めて、放課後児童クラブに通う子どもの安全を確保する必要があります。地域の中での事故、犯罪、災害等から子ども達を守るためには、放課後児童クラブの子どもが地域で過ごす際の見守りについての理解を広げ、地域の人々との連携、協力を得られるようにすることが求められます。

> （4）子どもの病気やケガ、事故等に備えて、日常から地域の保健医療機
> 関等と連携を図る。

　子どもの病気やケガ、事故等に備えて、診療所、病院や保健センター等を含む地域の保健医療機関等の連絡先を確認し、日頃から連携を図ることが必要です。

　緊急時には地域の診療所等をすぐに利用できるよう、あらかじめ放課後児童クラブの概要や生活について伝えて協力を依頼し、子どもの健康状態等で気になることがある際にはすぐに相談できるような関係をつくっておくことが望まれます。子どものケガには、目や歯を含む頭部等緊急性が高い場合もありますので、専門医も含めて地域の保健医療機関等の状況を把握し、連携を図る必要があります。

４．学校、児童館を活用して実施する放課後児童クラブ

（１）学校施設を活用して実施する放課後児童クラブ

> ○　学校施設を活用する場合には、放課後児童クラブの運営主体が責任
> をもって管理運営に当たるとともに、施設の使用に当たって学校や関
> 係者の協力が得られるように努める。

　放課後児童クラブの運営主体は、学校施設を活用する場合には、責任を持っ
て管理運営に当たらなくてはなりません。そして、学校施設の使用に当たっ
ては、学校や関係者の協力が得られるような十分な説明と配慮が求められま
す。また、事故が起きた場合の対応等についても、あらかじめ学校や教育委
員会・市町村の担当部局で協定を締結するなどして、事故等が発生した際に
もスムーズな対応が図られるように努めることが望まれます。

> ○　「放課後子ども総合プラン」に基づき、放課後子供教室と一体的に実
> 施する場合は、放課後児童クラブに通う子どもの生活の場としての機
> 能を十分に担保し、育成支援の環境に配慮する。なお、放課後子供教
> 室への参加に当たっては、体調や帰宅時刻等の理由から参加できない
> 子どもがいることも考慮する。

　放課後児童クラブを放課後子供教室と一体的に実施する場合は、市町村が
定める最低基準と国の運営指針に基づいて行い、放課後児童クラブの子ども
の生活の場としての機能を十分に担保しなくてはなりません。ここでいう「子
どもの生活の場としての機能」を果たすためには、専用区画の設置、専任す
る複数の放課後児童支援員等の配置が必要です。

　なお、放課後子供教室の活動プログラムへの参加に当たっては、本人の意
志や体調あるいは帰宅時刻等の理由から参加できない子どもがいることも考
慮しなくてはなりません。

〈関連法令・通知等〉

新・放課後子ども総合プラン（平成30年9月14日30文科生第396号・子発
0914第1号文部科学省生涯学習政策局長、文部科学省初等中等教育局長、
文部科学省大臣官房文教施設企画部長、厚生労働省子ども家庭局長通知）
より

1　趣旨・目的

　共働き家庭等の「小1の壁」を打破するとともに、次代を担う人材を
育成するため、全ての児童（小学校に就学している児童をいう。以下同
じ。）が放課後等を安全・安心に過ごし、多様な体験・活動を行うこと
ができるよう、文部科学省と厚生労働省が協力し、一体型を中心とした
放課後児童健全育成事業（以下「放課後児童クラブ」という。）及び地
域住民等の参画を得て、放課後等に全ての児童を対象として学習や体験・
交流活動などを行う事業（以下「放課後子供教室」という。）の計画的
な整備等を進める。
（略）

3　国全体の目標

　全ての児童の安全・安心な居場所を確保するため、一体型を中心とし
た放課後児童クラブ及び放課後子供教室の計画的な整備等を以下のとお
り進める。
（略）

　②　全ての小学校区で放課後児童クラブ及び放課後子供教室を一体的
　　　に又は連携して実施し、うち一体型の放課後児童クラブ及び放課後
　　　子供教室（詳細については、7（2）を参照のこと。）について、
　　　引き続き1万か所以上で実施することを目指す。

　③　新たに放課後児童クラブ又は放課後子供教室を整備等する場合に
　　　は、学校施設を徹底的に活用することとし、新たに開設する放課
　　　後児童クラブの約80％を小学校内で実施することを目指す。なお、

既に小学校外で放課後児童クラブを実施している場合についても、
　　　ニーズに応じ、小学校の余裕教室等を活用することが望ましい。
　（略）

4　事業計画

（1）基本的な考え方

　全ての児童の安全・安心な居場所づくりの観点から、小学校の余裕教
室等の活用や、教育と福祉との連携方策等について検討しつつ、放課後
児童クラブ及び放課後子供教室を計画的に整備等していくことが必要で
ある。

（略）

7　市町村における放課後児童クラブ及び放課後子供教室の実施

（略）

（2）一体型の放課後児童クラブ及び放課後子供教室の実施

　①　一体型の放課後児童クラブ及び放課後子供教室の考え方

　　　一体型の放課後児童クラブ及び放課後子供教室とは、全ての児童
　の安全・安心な居場所を確保するため、同一の小学校内等で両事業
　を実施し、共働き家庭等の児童を含めた全ての児童が放課後子供教
　室の活動プログラムに参加できるものをいう。

（略）

　この場合、活動プログラムの企画段階から両事業の従事者・参画者
が連携して取り組むことが重要である。

　また、一体型として実施する場合でも、放課後児童クラブの児童の
生活の場としての機能を十分に担保することが重要であり、児童福祉
法第34条の8の2第1項の規定により、市町村が条例で定める基準を
満たす必要がある。

（略）

> ○　放課後子供教室の企画内容や準備等について、円滑な協力ができる
> ように放課後子供教室との打合せを定期的に行い、学校区ごとに設置
> する協議会に参加するなど関係者間の連携を図る。

　放課後児童クラブと放課後子供教室を一体的に実施していて、放課後児童
クラブに在籍する子どもが放課後子供教室の活動プログラムへの参加を希望
する場合には、活動内容や時間等について参加しやすいように配慮すること
が求められます。このため、放課後子供教室の企画段階から、放課後児童支
援員等と放課後子供教室のスタッフとの打合せを定期的に行い、学校区ごと
に設置する協議会に参加するなど関係者間の連携を図ることが望まれます。

（2）児童館を活用して実施する放課後児童クラブ

> ○　児童館の中で放課後児童クラブを実施する場合は、放課後児童クラ
> ブに通う子どもの育成支援の環境及び水準が担保されるようにする。

　児童館の中で放課後児童クラブを実施する場合は、放課後児童クラブの運
営は市町村が条例で定める最低基準と国の運営指針に基づいて、専用区画を
設置し、専任する複数の放課後児童支援員等を配置するなど求められる基準
を満たした上で、放課後児童クラブとして必要な育成支援の内容が実現され
るように努めることが求められます。

> ○　児童館に来館する子どもと放課後児童クラブに在籍する子どもが交
> 流できるように、遊びや活動に配慮する。
> ○　放課後児童クラブの活動は、児童館内に限定することなく近隣の環
> 境を活用する。

　児童館の中の放課後児童クラブは、日常的に児童館に来館する子どもと一
緒に遊びや活動に取り組むことができるという利点をいかして、放課後児童
クラブに通う子どもとそれ以外の子どもとが共に過ごすことができるよう遊
びや活動に配慮し、自然な交流が図られるようにすることが求められます。

また、児童館内にある放課後児童クラブには、児童館内のみに活動を限定することなく、近隣の環境を活用し、公園や児童遊園、図書館等地域の公共施設等に遊びや活動の場を広げることが求められます。

〈関連法令・通知等〉

児童館ガイドライン（平成30年10月１日子発1001第１号厚生労働省子ども家庭局長通知）より

第４章　児童館の活動内容

（略）

8　放課後児童クラブの実施と連携

（１）児童館で放課後児童クラブを実施する場合には、放課後児童健全育成事業の設備及び運営に関する基準（平成26年厚生労働省令第63号）及び放課後児童クラブ運営指針（平成27年雇児発0331第34号厚生労働省雇用均等・児童家庭局長通知）に基づいて行うよう努め、児童館の持つ機能を生かし、次のことに留意すること。

①　児童館に来館する子どもと放課後児童クラブに在籍する子どもが交流できるよう遊びや活動に配慮すること。

②　多数の子どもが同一の場所で活動することが想定されるため、児童館及び放課後児童クラブのそれぞれの活動が充実するよう、遊びの内容や活動場所等について配慮すること。

③　放課後児童クラブの活動は、児童館内に限定することなく近隣の環境を活用すること。

（２）児童館での活動に、近隣の放課後児童クラブの子どもが参加できるように配慮するとともに、協力して行事を行うなどの工夫をすること。

第6章　施設及び設備、衛生管理及び安全対策

　この章では、基準に基づく施設及び設備の環境整備と、感染症や事故等への対応方法等の具体的な内容を記述しています。「施設及び設備」では、放課後児童クラブに備えることが求められる生活の場としての機能を踏まえ、確保すべき区画や設備を明らかにし、環境整備において放課後児童支援員等に求められる配慮や工夫を示しています。「衛生管理及び安全対策」では、放課後児童支援員等が育成支援の中で行うことが求められる衛生管理及び安全対策の取組と、子どもが必要な生活習慣や行動を習得できるよう援助すべき事項について示しています。

1．施設及び設備

（1）施設

> ○　放課後児童クラブには、子どもが安全に安心して過ごし、体調の悪い時等に静養することができる生活の場としての機能と、遊び等の活動拠点としての機能を備えた専用区画が必要である。
> ○　専用区画の面積は、子ども1人につきおおむね1.65㎡以上を確保することが求められる。

◇　「生活の場」としての機能

　放課後児童クラブは、子どもが放課後の時間を過ごす場であるため、休息やおやつ・食事等の基本的な生活を保障する機能を備えながら、安全に安心して、疲労の回復や気分の転換ができるくつろぎの場であることが必要です。そのため、ゆったりと過ごせる空間を用意するなど、一般の住まいに備えることが求められる機能をある程度満たす必要があります。

　したがって、放課後児童クラブの施設には、「生活の場」として、衛生及び安全が確保された手洗い場、台所設備、トイレ等のほかに、おやつや食事、

自主的な学習活動が落ち着いてできるスペースや設備、子どもが団らんや休息等ゆったりとくつろげるスペース、体調の悪い時等に静養できるスペース等を確保することが求められます。また、生活の場として子ども一人ひとりの専用のロッカー（持ち物置き場）や下駄箱を設置するなどの配慮や工夫も望まれます。

◇　「遊び等の活動拠点」としての機能

　放課後児童クラブは子どもが日常的に遊びを行う場であり、室内・室外の両方に遊ぶことのできる空間を確保しておく必要があります。室内においては、静かな遊びやごっこ遊び等ができるスペースを設け、活動的な遊びができるスペースには設備、備品等の安全対策を施すなどして子どもが過ごしやすいように空間構成を工夫するとともに、遊びを豊かにするために必要な設備、備品等を備えることが求められます。また、放課後児童クラブの室外の遊びの場を確保する上では、学校、公園や児童遊園、児童館、図書館等地域の公共施設等と連携し、それらを積極的に活用することも望まれます。

◇　専用区画の必要性

　放課後児童クラブが「遊び等の活動拠点」や「生活の場」としての機能を持つためには、その施設空間は、子どもの生活の連続性を保障するとともに、子どもにとって「他人が断りなく出入りすることのない、安全と安心が保障された空間」として成り立つようにしなければなりません。すなわち、仕切りや境界がある独立した空間で、生活に必要な営みができる機能が備わったつくりであることが求められます。

　そのため、基準の第9条第1項では、「放課後児童健全育成事業所には、遊び及び生活の場としての機能並びに静養するための機能を備えた区画（以下この条において「専用区画」という。）を設ける」とされており、また、第9条第3項では、専用区画並びに設備及び備品等について「放課後児童健全育成事業所を開所している時間帯を通じて専ら当該放課後児童健全育成事業の用に供するものでなければならない」とされています。

　「新・放課後子ども総合プラン」に基づいて放課後子供教室と一体的に実施する場合や、児童館の中で放課後児童クラブを実施する場合も、放課後児童クラブの専用区画を確保する必要があります。

　専用区画の面積は、基準第9条第2項で「児童一人につきおおむね1.65平方メートル以上」とされています。

○　室内のレイアウトや装飾、採光等にも配慮し、子どもが心地よく過ごせるように工夫することも求められる。

　放課後児童クラブの室内で子どもが心地よく過ごせるように、換気や採光に配慮し、室温や湿度、明るさ等が適切に保たれた快適な環境となるようにすることが求められます。また、壁面の掲示や装飾は生活の変化や節目に応じたものとし、子どもから見やすく整頓された状態を保つようにすることが望まれます。

　室内のレイアウトについては、空間に余裕のない場合は、机や遊具の置き場所を工夫したり可動式のものを用いるなどして、子どもが動いて遊んだり、座って遊んだりできるように空間を工夫することが求められます。棚等の安定したもので空間を区切って、子どもが集中して遊ぶことができるスペースをつくる、カーペットや畳を敷くなどしてゆったりとくつろげるようにするなどの工夫も必要です。

○　子どもの遊びを豊かにするため、屋外遊びを行う場所を確保することが求められる。その際、学校施設や近隣の児童遊園・公園、児童館等を有効に活用する。

　屋外での遊びは、子どもの心身を解放し、運動能力を高めるとともに、子ども同士での遊びを豊かなものにします。放課後児童クラブに通う子どもは、帰宅までの放課後の時間や学校の休業日に放課後児童クラブで過ごすことを考慮して、屋外遊びを行う場所を積極的に確保し、活用していくことが求められます。

　放課後児童クラブに隣接する屋外の遊び場が整っていない場合は、近隣の

学校、公園や児童遊園、児童館等地域の公共施設等を積極的に活用すること
が求められます。学校や地域の公共施設等については、放課後児童クラブの
活動への理解が得られるように努め、遊びの場所の提供について協力を得ら
れるようにすることが求められます。

> ○　子どもの遊び及び生活の場の他に、放課後児童支援員等が事務作業
> や更衣ができるスペース等も求められる。

　放課後児童クラブは、放課後児童支援員等にとっては職場であるため、子
どもの生活スペースとは別に、職務の遂行に必要な事務作業や更衣ができる
スペースや設備が必要です。十分なスペースがない場合でも、机やロッカー
等の配置、空間の区切り等を工夫することによって、放課後児童支援員等が
事務作業や更衣ができるようにする必要があります。また、事務作業に必要
な電話や事務機器等についても、整備が求められます。

（2）設備、備品等

> ○　衛生及び安全が確保された設備を備え、子どもの所持品を収納する
> ロッカーや子どもの生活に必要な備品、遊びを豊かにするための遊具
> 及び図書を備える。

　「生活の場」としての機能を満たすための設備及び備品等の具体例として
は、衛生及び安全が確保された手洗い場、台所設備、トイレ、ロッカー（持
ち物置き場）、下駄箱、机、椅子、冷暖房器具等が挙げられます。なお、ロッ
カーや下駄箱は、子ども一人ひとりに専用のものを設ける必要があります。
　また、「遊び」に必要な設備、備品等として、テーブル、遊具や図書、遊
びの素材、またそれらの収納設備等が考えられます。なお、遊びの素材は、
子どもが自主的・創造的に遊ぶことができるものも用意することが望まれま
す。
　設備及び備品等の衛生及び安全の状況については、日常的に確認すること
が求められます。基準第9条第4項では、「専用区画等は、衛生及び安全が

確保されたものでなければならない」とされています。

> ○　年齢に応じた遊びや活動ができるように空間や設備、備品等を工夫
> する。

　放課後児童クラブは、年齢の異なる子どもが放課後の時間を一緒に過ごす
場です。そうした特性を踏まえて、どの年齢の子どもにとっても、ほっとで
きるくつろぎの場であるとともに、いきいきと活動できる場となるよう、空
間や設備、備品等の配置や構成を工夫することが求められます。

２．衛生管理及び安全対策

（１）衛生管理

> ○ 手洗いやうがいを励行するなど、日常の衛生管理に努める。また、必要な医薬品その他の医療品を備えるとともに、それらの管理を適正に行い、適切に使用する。

◇ 日常の衛生管理のための取組

子どもが手洗いやうがい、身体・衣服の汚れへの対応等を日常的に行うなど清潔を保つための生活習慣を身に付けるよう援助し、子どもと共に日常の衛生管理に努めることが求められます。放課後児童支援員等は、日常の衛生管理に向けた取組のあり方や感染症や食中毒等の予防と対応等に関する基礎知識を習得した上で、日々の育成支援に当たる必要があります。また、衛生管理の観点から施設設備や備品等を定期的に点検することも求められます。

◇ 必要な医薬品その他の医療品の備え

医師の指示により保護者を通じて児童の医薬品を保管する場合は、適切に管理することが必要です。また、子どもの衛生管理に当たって必要となる医薬品（医薬部外品等）の備えが求められます。

急な病気や事故に際しての子どもの応急手当のためにＡＥＤ等も備えておくことが望まれます。

> ○ 施設設備やおやつ等の衛生管理を徹底し、食中毒の発生を防止する。

◇ 施設設備の衛生管理

放課後児童クラブは、子どもが集団生活を営む場であるため、多数の子どもが共に生活する環境が清潔に保たれるように、日頃から手洗い場（蛇口等）、台所設備、おやつ用の食器、トイレ、下駄箱、床・畳（カーペット）、棚、

掃除用具、ドアノブ、玩具等の衛生管理を行います。施設設備等の清掃・消毒については、マニュアルやチェックリスト等を定めて計画的に行うとともに、実施点検した結果について記録することも必要です。

◇　おやつの提供における留意点

　おやつの提供は、食中毒や事故の防止のための点検項目を定め、確認しながら行うことが必要です。また、おやつを提供する放課後児童支援員等は、手洗いや爪切り、消毒等の衛生管理を徹底することが必要です。放課後児童クラブによっては、おやつ作りをするところもありますので、取り組むべき衛生管理の内容を明確に定めて、それを遵守することが求められます。

　子どもがおやつの準備等を放課後児童支援員等と一緒に行う場合は、子どもも手洗い等を行い、爪の状態や傷の有無の確認等をして衛生管理を徹底します。その際には、食品の衛生管理とともに、使用する布きんやまな板等も消毒し、乾燥させるなどして食中毒対策をすることが必要です。これらの衛生管理上の留意点については、行事として調理等を行う場合も同様です。

○　感染症の発生状況について情報を収集し、予防に努める。感染症の発生や疑いがある場合は、必要に応じて市町村、保健所等に連絡し、必要な措置を講じて二次感染を防ぐ。

○　感染症や食中毒等の発生時の対応については、市町村や保健所との連携のもと、あらかじめ放課後児童クラブとしての対応方針を定めておくとともに、保護者と共有しておく。

　感染症については、市町村、保健所や学校等と連携して、日頃から発生状況についての情報収集に努め、予防に努めることが大切です。

　市町村が作成する感染症対策のマニュアル等の内容に従って、感染症等が発生した場合の罹患した子どもに対する対応と感染防止に関する対策についてあらかじめ定めておき、その内容を保護者にも伝えて、理解と協力が得られるようにしておく必要があります。

　感染症が流行している時期には、特に衛生的な環境を整えるよう心掛ける

必要があります。感染症が疑われる子どもを発見した場合には、他の子ども
との接触を断つようにし、保護者に速やかに連絡し、症状に応じて自宅安静
や医療機関への受診を勧めます。症状に緊急性があると判断される場合には、
救急車を要請します。嘔吐物や便等は、あらかじめ備えておいた感染症発生
時の汚物処理等に対処できる用具や消耗品を用いて迅速に処理し、手指の消
毒を徹底することが必要です。また、保健所の指示に従い、施設内の消毒、
放課後児童支援員等や子どもの手洗いについて徹底することが必要です。

　なお、感染症等の発生時の報告については、市町村の定める対処方針に沿っ
て行い、必要に応じて市町村、保健所等に連絡し、連携して必要な措置を講
じて二次感染を防ぐよう努める必要があります。

〈参考情報〉
　「保育所における感染症対策ガイドライン（2018年改訂版）」（平成30年
３月30日子保発0330第１号厚生労働省子ども家庭局保育課長通知）には、
乳幼児期の特性を踏まえた感染症対策の基本が示されています。放課後児
童クラブにおける感染症対策のあり方を検討するに当たって参考にしてく
ださい。

◇　食中毒発生時の対応

　食中毒の発生が疑われる際には、放課後児童支援員等は速やかに運営主体
の責任者に報告し、責任者は必要な指示を行う必要があります。また、運営
主体の責任者は、市町村の担当部局に迅速に、食中毒が疑われる者の人数、
症状、対応状況等を報告するとともに、併せて保健所に報告し、指示を求め
るなどの措置をとることが必要です[12]。これらの食中毒が発生した際の対応

12　「社会福祉施設等における感染症等発生時に係る報告について」（平成17年２月22日健発第0222002
号・薬食発第0222001号・雇児発第0222001号・社援発第0222002号・老発第0222001号厚生労働省健康局長、
医薬食品局長、雇用均等・児童家庭局長、社会・援護局長、老健局長通知）

については、市町村、保健所等と連携の上であらかじめ対応の方針や手順を定め、放課後児童クラブと保護者との間で共有しておくことが必要です。

　食中毒が疑われる子どもについては、いつから、何を食べて、どのような症状なのかなど、状況を具体的に把握する必要があります。そして、速やかに保護者に連絡し、医療機関への受診を勧めます。症状に緊急性があると判断された場合には、救急車を要請します。同時に、他の子どもの様子も確認し、保護者への連絡等、必要な措置をとることが必要です。なお、嘔吐物や便等は、食中毒発生時の汚物処理等に対処できる用具や消耗品を用いて迅速に処理の上、消毒を徹底することが必要です。また、保健所の指示に従い、施設内の消毒、放課後児童支援員等や子どもの手洗いについて徹底することが必要です。なお、消毒薬にはいくつか種類がありますが、それぞれに異なる効果がありますので、適切な使用が求められます。

〈参考情報〉

　「保育所における食事の提供ガイドライン」（平成24年3月30日雇児保発0330第1号厚生労働省雇用均等・児童家庭局保育課長通知）には、保育所における食事をより豊かなものにしていくよう検討する際の参考として、食事の提供の意義や具体的なあり方等について示しており、衛生面の配慮についても記載していますので、参考にしてください。

（2）事故やケガの防止と対応

○　日常の遊びや生活の中で起きる事故やケガを防止するために、室内及び屋外の環境の安全性について毎日点検し、必要な補修等を行う。これには、遠足等行事の際の安全点検も含まれる。

　放課後児童クラブの中で子どもが遭遇する危険として最も頻度が高いのは、日常の遊びや生活の中で起きる事故やケガです。施設設備等の些細な不

具合が大きな事故やケガにつながる可能性もありますので、施設、設備、遊具、用具、屋外遊びの場所及び遊具等について日常的に安全を確認することが求められます。

施設設備等については、安全点検表を作成して点検項目や点検頻度、点検者を定め、定期的に点検します。点検の結果については記録しておき、不具合がある場合には必要な補修等を行います。

なお、安全点検の対象には、近隣の公園に行く場合や遠足等の放課後児童クラブの外で活動する場合の環境も含まれます。遠足等の場合は、行き帰りの経路や現地の状況を、天候や交通事情等も含めて事前に調べることが必要です。

> ○ 事故やケガの防止に向けた対策や発生時の対応に関するマニュアルを作成し、マニュアルに沿った訓練又は研修を行い、放課後児童支援員等の間で共有する。

事故やケガの防止のために日常においてどのような点に留意すべきか、また、事故やケガが起きそうになった場合、あるいは起きた場合にどのように対応して被害を少なくするかといったことについて、日常の行動にいかすための事故防止マニュアルを整備し、それを効果的に活用できるように訓練や研修を行う必要があります。特に、事故やケガが起きた場合を想定した実地の訓練は、実際に事故等が発生した際の迅速な対応につながるため、様々なケースを想定して定期的に行うことが必要です。

〈参考情報〉
「教育・保育施設等における事故防止及び事故発生時の対応のためのガイドライン」（平成28年3月31日府子本第192号・27文科初第1789号・雇児保発0331第3号内閣府子ども・子育て本部参事官、文部科学省初等中等教育局幼児教育課長、厚生労働省雇用均等・児童家庭局保育課長通知）には、教育・保育施設等において、特に死亡や重篤な事故の予防と事故後の適切

な対応を行うための指針が示されていますので、参考にしてください。

○　放課後児童支援員等は、子どもの年齢や発達の状況を理解して、子どもが自らの安全を守るための行動について学習し、習得できるように援助する。

　放課後児童クラブにおける活動の中では、危険につながる可能性のあることに子ども自らが気付いて対処できる、直接の危険に遭遇した時に自分で被害を防ぐあるいは最小限に留めるなど、子ども自身が危険を回避できるようにしていくことも求められます。子どもが遭遇する危険は、子どもの発達段階、子どもが置かれている状況や行動の内容によっても異なります。子どもが自ら危険を回避できる力を育てていくためには、子どもの発達段階や場面あるいは状況に応じた適切な援助が求められます。

○　おやつの提供に際して、食物アレルギー事故、窒息事故等を防止するため、放課後児童支援員等は応急対応について学んでおく。

　食物アレルギーのある子どもについては、書面及び面談により、保護者と緊密に連携し、アレルギー症状を起こす食品や現れる症状、家庭での対応状況、幼稚園、保育所等での対応の経緯や学校での対応状況、医師の指示等、必要な事項を聞きとり、放課後児童クラブにおける対応方法を相談しながら決めていく必要があります。そして、対応方法と留意すべき事項については、子ども本人・保護者・全職員の間で共有しておくことが必要です。

　食物アレルギー事故、窒息事故等には、危機管理の意識を持って日頃から備えておく必要があります。そのためには、緊急時における対応の方針を定めた上で運用方法と各放課後児童支援員等の役割分担について確認し、対応の手順を全職員の間で周知徹底する必要があります。また、緊急時に適切な対応を行うために、放課後児童支援員等は、食物アレルギーの症状が現れた場合や窒息等がみられた場合の見極め方や、救急車の要請、「エピペン®」

の使用方法を含めた対応について、研修等で学んでおくことも必要です。

　万が一、子どもがアレルギー症状を起こす食品を食べたりそれらに触れたりし（可能性を含む）、アレルギー症状と疑われる様子がみられる場合には、子どもから目を離さないよう注意しながら応急処置のために必要な準備を行うとともに、直ちに緊急性を判断することが重要です。緊急性が高いと判断される場合には、すぐに救急車の要請を行い、「エピペン®」の使用、ＡＥＤの使用等の心肺蘇生の対応を実施します。一方で、保護者への連絡、運営主体の責任者への連絡等も必要です。同時に、一連の対応について記録をとることや、他の子どもへの対応も求められます。それぞれの手順を、早急かつ確実に進めるためには、日頃から緊急時を想定した訓練を行い、全職員が子どもの安全を守る当事者としての認識を強く持って事故の防止に取り組む必要があります。

　おやつの提供に際しては、窒息事故の可能性にも留意しなければなりません。食品を食べやすい大きさにして提供し、よく噛んで食べることを指導するとともに、食べる際の姿勢やおやつの時間（前後を含む）の子どもの様子には必ず目を届かせる必要があります。万が一、食品が喉に詰まった様子がみられた場合には、救急車を要請する一方で、到着するまでの間は、救急隊員のアドバイスに従って対処を試みます。食物アレルギーの症状への対応と同様に、素早い判断と救急対応、応急処置が肝要です。

〈参考情報〉

　食物アレルギーへの対応や接触時の安全の確保について、いくつかまとめた資料がありますので、これらを参考にしながら、事故の防止に向けて組織的・継続的に取り組むようにしてください。

・「保育所におけるアレルギー対応ガイドライン（2019年改訂版）」（平成31年４月25日子保発0425第２号厚生労働省子ども家庭局保育課長通知）
　　保育所でのアレルギー疾患への対応の実態と、保育所における代表的

なアレルギー疾患についての原因や治療方法・保育所での生活上の留意
点、食物アレルギーへの対応の方法について示されています。
・「学校給食における食物アレルギー対応指針」（文部科学省、平成27年3
　月）
　　学校や調理場における食物アレルギー事故防止の取組を促進すること
　を目的として、食物アレルギーへの対応における基本的な考え方や留意
　すべき事項等が具体的に示されています。
・「食に関する指導の手引－第2次改訂版－」（文部科学省、平成31年3月）
　　学校における食育の必要性、食に対する指導の目標、食に関する指導
　の全体計画及び基本的な考え方と指導方法について取りまとめたもの
　で、給食時における安全に配慮した食事の指導のあり方や窒息への対応
　方法についても示されています。

○　事故やケガが発生した場合には、速やかに適切な処置を行うととも
　に、子どもの状況等について速やかに保護者に連絡し、運営主体及び
　市町村に報告する。

◇　**事故やケガが発生した場合の対応**
　事故やケガが発生した場合には、応急手当等の初期対応のあり方が非常に
重要です。少しの対応の遅れが命に関わることもあり得るため、放課後児童
支援員等は応急手当等の具体的な方法についてあらかじめ学んでおき、いざ
その場面に直面した際には迅速に対処できるようにしておく必要があります。
そのためには、応急手当の方法を学ぶ機会に参加することも求められます。
　事故やケガが発生した場合は、速やかに適切な処置を行うとともに、保護
者に連絡し、事故原因等については改めて具体的かつ丁寧に説明することが
求められます。保護者へ連絡する際には、家庭の状況や保護者の心情に配慮
しながら、誠意ある対応を心掛けることが重要です。なお、万が一、事故や

ケガが発生した場合の対応や連絡方法については、事前に保護者と共有しておくことが望まれます。

　なお、重大事故が起きた場合には、放課後児童クラブの運営主体から市町村・都道府県を通じて厚生労働省及び消費者庁に報告することが求められています。

〈関連法令・通知等〉

「特定教育・保育施設等における事故の報告等について」（平成29年11月10日府子本912号・29初幼教第11号・子保発1110第１号・子子発1110第１号・子家発1110第１号　内閣府子ども・子育て本部参事官（子ども・子育て支援担当）、内閣府子ども・子育て本部参事官（認定こども園担当）、文部科学省初等中等教育局幼児教育課長、文部科学省初等中等教育局健康教育・食育課長、厚生労働省子ども家庭局保育課長、厚生労働省子ども家庭局子育て支援課長、厚生労働省子ども家庭局家庭福祉課長連名通知）より

３．報告の対象となる重大事故の範囲

　・死亡事故
　・治療に要する期間が30日以上の負傷や疾病を伴う重篤な事故等（意識不明（人工呼吸器を付ける、ＩＣＵに入る等）の事故を含み、意識不明の事故についてはその後の経過にかかわらず、事案が生じた時点で報告すること。）
　（略）

５．報告期限

　　国への第１報は原則事故発生当日（遅くとも事故発生翌日）、第２報は原則１か月以内程度とし、状況の変化や必要に応じて、追加の報告を行うこと。また、事故発生の要因分析や検証等の結果については、作成され次第報告すること。

６．報告のルート

（略）

　施設又は事業者から市町村へ報告を行い、市町村は都道府県へ報告すること。また、都道府県は国へ報告を行うこと。

（略）

〈コラム〉

放課後児童クラブにおいて事故等が発生した場合の初期対応の例

　放課後児童クラブで事故等が発生した場合の直後の初期対応に当たって必要な事項の要点を紹介します。事故等が発生した場合の対応マニュアルの作成や想定訓練に活用してください。（財団法人児童健全育成推進財団・事故防止マニュアル作成委員会『児童館における安全対策ハンドブック』（平成17年）をもとに作成）

1．状況の把握・応急対応

①被害やケガの状況を把握する。

　　ケガの受傷部位、受傷程度、命の危険や大きな損傷等の有無を判断する。

②必要に応じて応急処置（止血、冷やす、安静、ＡＥＤの使用、人工呼吸等）を行う。外部の医療機関（救急車・近隣の医院等）で対応する必要があるかについて、迅速に判断する。

③救急車の要請が必要な場合は、迅速に119番に通報する。

　　窒息の場合等は、少しの対応の遅れが命に関わることがある。また付き添いが必要になる際の担当（順番）や、その際に持参する情報等が用意されているか否かも、救急時対応の速度に影響する。

④情報収集を行う。

　　事故が起きた前後の状況と事故の内容を把握する。

２．被害の拡大と二次被害を防ぐ

①応急処置の対応と並行して、他の子どもの安全確保を行う。

　　事故の場合は、他の子どもに被害が及ぶケースもあり、事故を目撃することで心理的なダメージを受けることもあるので、子どもを事故現場から遠ざける、安全な場所に移す、子どもの気持ちを落ち着かせるなどの対応を行う。

②必要と判断した時は、消防署、警察署等への通報も行う。

３．被害に遭った（負傷した）子どもの保護者への連絡

①緊急性があると判断した時は、事故の内容を確認した時点で保護者に連絡する。

②保護者に連絡する際には、事故の状況と負傷の様子について、簡潔・適切に報告する。必要がある場合は医療機関等へ急行してもらうこともある。

③緊急性がないと判断した場合でも、保護者には可能な限り早く連絡する。

　　負傷の部位や程度によっては、放課後児童支援員等が子どもを家庭まで送り届け、直接保護者に説明するなど、丁寧な対応をする。被害に遭った（負傷した）子どもと保護者の心情を十分察して対応し、信頼関係を築くよう、誠意ある対応を心掛ける。

４．運営主体の責任者・市町村への連絡

①運営主体の責任者が放課後児童クラブと離れたところにいる場合は、１～３の応急対応と併せて、緊急時の連絡方法をあらかじめ決めておき、迅速に事故の経緯と応急対応の内容を伝え、その後の対応を話し合う。

②事故発生時の市町村への連絡方法をあらかじめ取り決めておき、それに従って連絡する。

◇　**事故やケガが発生した場合の記録**

　事故やケガが発生した場合は、その発生時刻や場所、その内容や対応の経過について正確な時刻の記述も含めて記録しておくことが必要です。発生時の状況を迅速かつ正確に記録することにより、その後の対応を適切に進めることができます。更に、発生に至った経緯や事故・ケガの内容、発生後の対処等を記録することによって、それらの発生した原因や対処のあり方を検証し、その後の事故やケガの予防や対応に役立てることもできます。なお、これらの記録は、事故について報告や説明が求められる場合の基礎資料にもなります。

> ○　放課後児童クラブの運営主体は、放課後児童支援員等及び子どもに適切な安全教育を行うとともに、発生した事故事例や事故につながりそうな事例の情報を収集し、分析するなどして事故防止に努める。

　事故事例や事故につながりそうであったヒヤリ・ハット事例等の情報は、共有して対策のあり方を探ることで、多くの類似の事故を防ぐことにつながります。軽微な事故や結果的に事故に至らなかった事例であっても、一歩間違えれば重大な事故に発展していた可能性があることを踏まえ、事例の情報を収集して記録の上、原因や要因を分析することが望まれます。この際、分析のために必要な事項が明確になるよう記録の方法や様式を工夫し、検討しやすい状態にしておくとよいでしょう。

　また、1つの放課後児童クラブで起きた事例は、繰り返し起きたり、他の放課後児童クラブでも起きる可能性があるものです。実際に起きた事例を詳しく分析して教訓を引き出し、その内容を必要に応じて同一の事業者内あるいは市町村内の他の放課後児童クラブとも共有し、予防策にいかすことも考えられます。

○ 放課後児童クラブの運営主体は、必ず損害賠償保険に加入し、賠償すべき事故が発生した場合は、損害賠償を速やかに行う。また、傷害保険等に加入することも必要である。

　放課後児童クラブの運営主体は、放課後児童クラブに通う子どもや放課後児童支援員等の事故やケガ等で賠償すべき事態が発生する場合に備えて、必ず損害賠償保険に加入しておく必要があります。また、過失の有無に関わらずケガ等を保障する傷害保険等についても加入することが必要です。

　なお、加入している保険の内容については、放課後児童クラブの利用の開始に当たって説明会あるいは書面で保護者に説明しておくことが必要です。

（3）防災及び防犯対策

○ 放課後児童クラブの運営主体は、市町村との連携のもとに災害等の発生に備えて具体的な計画及びマニュアルを作成し、必要な施設設備を設けるとともに、定期的に（少なくとも年2回以上）訓練を行うなどして迅速に対応できるようにしておく。また、外部からの不審者等の侵入防止のための措置や訓練など不測の事態に備えて必要な対応を図る。

◇ 防災及び防犯対策のための計画及びマニュアル

　地震・津波、気象災害（台風、大雪、竜巻、雷等）、火災等の災害が発生した場合には、適切に対応し、速やかに避難行動をとることが必要です。そのために、放課後児童クラブの運営主体は、市町村の基本方針をもとに地域の特徴を考慮して防災対策のための計画及びマニュアルを作成し、その内容について全職員の間で徹底する必要があります。そして、対応方針についての情報を学校等の関係機関、また保護者と共有するとともに、それらの計画及びマニュアルを市町村や地域組織とも共有し、地域と連携した対応の仕組みを確立しておくことが重要です。

　なお、火災の発生に備えた必要な対応として、消防法（昭和23年法律第186号）の規定により、放課後児童クラブの運営主体には、消防用設備等の設置・維持管理の義務や防火管理者の選任の義務、定期的な消防訓練の実施の義務があります。

　不審者が侵入した場合や近隣で不審者に関する情報を入手した場合に備えて、防犯に関する計画及びマニュアルを作成し、防災対策のための計画及びマニュアルと同様に、関係機関や保護者と共有しておくことも必要です。放課後児童クラブの置かれている環境や施設設備の状況等を考慮しながら、緊急事態発生時に子どもの安全を守るために必要な対応について関係機関と協議し、確認しておくことが求められます。

◇　定期的な避難訓練の実施

　災害や不審者侵入等の事態が発生した場合に迅速かつ適切に対応できるように、定期的に（少なくとも年に２回以上）避難訓練を実施し、非常時の対応行動や放課後児童支援員等の役割分担、避難経路等について確認しておくことが必要です。

　避難訓練は、子どもも参加して体験型で行うことが求められます。避難訓練を実施する際の時間帯についても、出席予定の子どもが全員揃っている場合と揃っていない場合、学校からの下校途中に災害が生じた場合等、いくつかの場合を想定して行うことが適切であるといえます。また、子どもと一緒に避難場所へ行く訓練や、子どもを保護者に渡す訓練を行うなど、被害の状況に応じた避難行動の流れを確認することも望まれます。その際には、保護者や地域住民等に避難訓練の実施をあらかじめ伝え、理解や協力を得る必要があります。

　なお、避難訓練を行った後は、実施状況等を記録し、改善策を検討することも重要です。

◇　防災・防犯のための事前の備え

　防災・防犯のためには、定期的な避難訓練の実施と併せて、施設、設備等

や周辺の環境についての点検、関係者・関係機関等との情報共有等、事前の備えを十分に行っておくことが必要です。

〈コラム〉　　　　　防災・防犯のための事前の備え

　防災・防犯のためには、定期的な訓練の実施と併せて、事前の備えを十分に行っておくことが必要です。以下に、事前の備えとして実施することが望ましい事項として考えられる主なものを整理し、紹介します。

【防災・防犯のための事前の備えとして実施しておくべき事項の例】
◆定期的な避難訓練の実施と併せて
　✓通常使用している書類等で非常時に持ち出しが必要なもの（児童票・出席簿・引渡し票等）を確認する。
　✓緊急時対応のマニュアル（119番通報や避難誘導等の手順を示す、救急病院等のリスト）を作成し、職員間で共有する。
◆その他の事前の備えとして
●防災
　▷非常持ち出し袋・備蓄物を準備し、内容物を定期的に確認する。
　▷地震等によって設備、遊具や備品等の落下・倒壊等が生じないか点検する。
　▷停電を想定した情報収集の手段を用意しておく（電池式ラジオ等）。
　▷消火器を使いやすい場所に配置し、定期的に機能の点検と使い方の確認を行う。
●防犯
　▷インターフォンを設置するなどして、来訪者と直接会う前にわかるようにする。
　▷安全確保のために必要とされる箇所については施錠する。
　▷施設、設備等や周辺環境に不審者等が不正侵入しやすい箇所がないか

点検し改善する。

➤不審者情報について随時確認し、保護者にも情報提供する。

● **共通事項**

➤警察や消防、学校等関係機関と不審者情報や災害対策に関する情報を共有する。

➤対応方針について保護者にあらかじめ情報提供し、説明する（情報配信システムの整備）。

➤放課後児童クラブ内に避難経路を掲示しておく。

➤子どもに防災・防犯に対する意識を高める取組を行う。

➤応急処置のための医薬品その他の医療品を配備する。

➤非常警報装置を設置する。

〈参考情報〉

　社会福祉施設等の防犯に係る安全確保については、「社会福祉施設等における防犯に係る安全の確保について」（平成28年9月15日雇児総発0915第1号・社援基発0915第1号・障障発0915第1号・老高発0915第1号厚生労働省雇用均等・児童家庭局総務課長、社会・援護局福祉基盤課長、同局障害保健福祉部障害福祉課長、老健局高齢者支援課長通知）を参照してください。

○　市町村や学校等関係機関と連携及び協力を図り、防災や防犯に関する訓練を実施するなど、地域における子どもの安全確保や安全点検に関する情報の共有に努める

　防災や防犯に関する訓練については、保護者や学校、警察や消防、その他の地域の関係機関や地域組織等と連携して行う必要があります。また、必要

に応じて学校や地域の関係機関や地域組織等が実施する避難訓練に放課後児童クラブが参加することも望まれます。

　避難場所、避難所開設時の運営方針、学校から放課後児童クラブに通う途中に災害が起きた場合の対応についても、あらかじめ作成している防災・防犯のための計画及びマニュアルに沿って確認し、それに沿った避難訓練を行うことが望まれます。

　また、地域における子どもの安全確保や安全点検に関する情報の収集と共有については、市町村や学校等の関係機関と連携して取り組むことが望まれます。災害や不審者・犯罪等の発生に関わる情報の入手と、情報を入手した後の取扱いと共有の手順についてもあらかじめ関係者及び関係機関間で取り決めておくことが望まれます。

> ○　災害等が発生した場合には、子どもの安全確保を最優先にし、災害等の状況に応じた適切な対応をとる。

　災害等の発生時には、子どもの安全確保を最優先にし、迅速に避難行動を起こすことが重要です。市町村やメディア等から情報を収集し、市町村や運営主体の責任者と連絡をとりながら、災害等の状況に応じた適切な避難行動や、保護者をはじめとする各所への連絡等の対応をとることが求められます。

　また、災害等発生時の開所・閉所の判断基準については、子どもの安全を最優先に考えて、あらかじめ市町村と協議して放課後児童クラブとしての方針を定め、その内容を連絡方法とともに保護者と共有しておくことが必要です。

> ○　災害等が発生した際の対応については、その対応の仕方を事前に定めておくとともに、緊急時の連絡体制を整備して保護者や学校と共有しておく。

　放課後児童クラブの開所時間中に災害が発生した際には、子どもの安全確保の後、保護者、運営主体の責任者、市町村、学校等に早急に連絡をとることができるよう、緊急時の連絡体制を整備し共有しておく必要があります。

同時に、電話がつながらないなどにより保護者との連絡が十分にとれない可能性があることも考慮し、そのような状況下においても保護者が子どもの状況を知ることができるように、安全確保の状況や避難場所等についての情報を所定の場所に掲示し通知するなどの対応も必要です。

（4）来所及び帰宅時の安全確保

> ○　子どもの来所や帰宅の状況について、必要に応じて保護者や学校と連絡を取り合って安全を確保する。

　子どもの来所及び帰宅時の安全を確保するためには、放課後児童クラブが子どもの来所や帰宅の状況について保護者との連絡をもとに確実に把握していることが必要です。

　保護者から欠席や遅刻の連絡がないまま来所しない場合には、速やかに保護者あるいは学校に連絡をとって子どもの居場所を確認します。また、保護者から子どもが予定の時刻に帰宅していないなどの連絡があった場合にも、速やかに対応できるようにすることが必要です。

　帰宅時の子どもの迎えがある場合には、基本的にいつ誰が迎えに来るのかを事前に確認しておく必要があります。そして、通常送迎している以外の者が迎えに来る場合には、そのことについて保護者からあらかじめ連絡を受けることを徹底し、迎えに来た者が確かに保護者から依頼された者であることを確認することが必要です。なお、このことについては、第3章1（4）②でも解説しています。

> ○　保護者と協力して、地域組織や関係機関等と連携した、安全確保のための見守り活動等の取り組みを行う。

　子どもの来所及び帰宅時の安全確保に関しては、保護者に子どもの安全が確かめられる帰宅経路を設定するように伝えるとともに、放課後児童クラブもその帰宅経路を把握し、子どもが来所及び帰宅途中の安全に気を付けるように援助することが求められます。そして、自治会等の地域組織や警察をはじめとし

た関係機関等と連携、協力し、地域で子どもを見守るようにして、不審者情報の共有や安全確保のための見守り活動を強化していくことが求められます。日頃から放課後児童クラブの様子を地域組織や関係機関等に伝え、子どもの安全について話し合い、協力関係をつくっておくことが望まれます。

　なお、「放課後児童クラブ等への児童の来所・帰宅時における安全点検リスト」（平成30年7月11日子子発0711第1号、30生社協第4号厚生労働省子ども家庭局子育て支援課長、文部科学省生涯学習政策局社会教育課長事務取扱通知）が示されていますので、このリストに沿った取組の点検も望まれます。

第7章　職場倫理及び事業内容の向上

　この章は、運営主体の責務と放課後児童支援員等の倫理意識の自覚、研修等の事業内容向上への取組内容を記述しています。「放課後児童クラブの社会的責任と職場倫理」では、子どもの人権への配慮や職員による虐待の禁止、守秘義務の遵守、事業内容の向上に向けた自己研鑽、社会的責任や公共性の自覚等を示しています。「要望及び苦情への対応」では、子どもや保護者等の意見や要望を受け入れ、適切に対応する体制づくりの必要性を明らかにし、要望及び苦情への対応の基本的な事項を示しています。「事業内容向上への取り組み」では、事業内容を向上させるために運営主体と放課後児童支援員等が取り組むべき事項や研修等への参加、運営内容の評価と公表の必要性について記しています。

1. 放課後児童クラブの社会的責任と職場倫理

> （1）放課後児童クラブには、社会的信頼を得て育成支援に取り組むことが求められる。また、放課後児童支援員等の言動は子どもや保護者に大きな影響を与えるため、放課後児童支援員等は、仕事を進める上での倫理を自覚して、育成支援の内容の向上に努めなければならない。

◇　放課後児童クラブの社会的責任

　放課後児童クラブは、その保護者が労働等により昼間家庭にいない子どもの放課後において、地域社会の中で育成支援を担う重要な役割を担っています。放課後児童クラブの運営主体は、その社会的な役割と責任を自覚し、家庭、学校、地域の関係機関や地域組織等からの信頼を得て、育成支援に取り組むことが求められます。

◇　放課後児童支援員等の職業倫理

　放課後児童支援員等は、利用する子どもや保護者に関わる様々な状況を知

り得る立場にあり、その中には高度な個人情報や守るべき秘密も含まれます。また、放課後児童支援員等の言動が、子どもや保護者の心理や生活に大きな影響を与える場合もあります。このため、放課後児童支援員等には、子どもや保護者の人権について十分に配慮し、守秘義務の徹底や個人情報の保護等に取り組むことが必要です。

中でも放課後児童支援員には、その職務の遂行に当たって放課後児童支援員としての資格に基づく職業上の倫理（以下「職業倫理」という。）を守ることが求められます。このことについては、厚生労働省の通知「放課後児童支援員等研修実施要綱」の定めにより、放課後児童支援員としての信用失墜行為を行った場合等には、当該者について認定を取り消すことができるとされています。また、補助員についても、放課後児童支援員に求められる職業倫理を同様に遵守することが求められます。

〈参考情報〉　　　　　放課後児童支援員等の職業倫理

放課後児童クラブ等に携わるものが自主的に明らかにしている職業倫理としては、平成25年12月に全国児童厚生員研究協議会が発表した「児童厚生員・放課後児童指導員の倫理綱領」が参考になります。

「児童厚生員・放課後児童指導員の倫理綱領」（全国児童厚生員研究協議会　平成25年12月15日第13回全国児童館・児童クラブ大会・東北復興支援フォーラムにて採択）より

私たちは、児童館・放課後児童クラブが、児童福祉法の理念を地域社会の中で具現化する児童福祉施設・事業であることを明言する。
私たちは、児童館・放課後児童クラブの仕事が、地域における子どもの最善の利益を守る援助者として専門的資質を要する職業となることを強く希求する。

　そのため、私たちはここに倫理綱領を定め、豊かな人間性と専門性を保持・向上することに努め、専門職者の自覚と誇りをもってその職責をまっとうすることを宣言する。

1．私たちは、子どもの安心・安全を守って、その最善の利益を図り、児童福祉の増進に努めます。

2．私たちは、子どもの人権を尊重し個性に配慮して、一人ひとりの支援を行います。

3．私たちは、身体的・精神的苦痛を与える行為から子どもを守ります。

4．私たちは、保護者に子どもの様子を客観的かつ継続的に伝え、保護者の気持ちに寄り添って、信頼関係を築くように努めます。

5．私たちは、地域の健全育成に携わる人々・関係機関と連携を図り、信頼関係を築くように努めます。

6．私たちは、事業にかかわる個人情報を適切に保護（管理）し、守秘義務を果たします。

7．私たちは、子どもの福祉増進のために必要な情報を公開し、説明責任を果たします。

8．私たちは、互いの資質を向上させるために協力して研さんに努め、建設的に職務を進めます。

9．私たちは、地域において子育ての支援に携わる大人として人間性と専門性の向上に努め、子どもたちの見本となることを目指します。

（2）放課後児童クラブの運営主体は、法令を遵守するとともに、次の事項を明文化して、すべての放課後児童支援員等が職場倫理を自覚して職務に当たるように組織的に取り組む。

◇　法令遵守の必要性

　放課後児童クラブの運営主体は、運営に際して法令遵守を徹底する必要が

あります。その際には、法令に違反しないように業務を行うだけでなく、法令の背景にある精神までしっかりと理解し、事業の社会的責任を自覚して業務を行うことが重要です。

　そして、放課後児童クラブの運営主体が守るべき法令遵守の対象には、育成支援の内容に関することのほか、放課後児童クラブで働く職員等の職場環境や運営主体の財政・事業運営に関すること等も含まれます。

◇　「職場倫理」とは
　放課後児童クラブの運営主体は、そこで働く全職員に求められる倫理（以下「職場倫理」という。）を明示し、全職員がこれを自覚して職務に当たるように組織的に取り組む必要があります。放課後児童クラブの職場倫理は、前述した放課後児童支援員に求められる「職業倫理」が基本になるものです。そして、放課後児童支援員のほかに補助員、アルバイト職員、ボランティア等、放課後児童クラブで働き、育成支援に関わる全職員が共通に守るべきものとして位置付けられます。

　職場倫理は、「運営主体の指示があるから」「法律や社会的な道徳に規制されているから」という受け身の考えだけで理解すると、実際の場面では行き詰ってしまうことがあります。守るべき職場倫理についての共通理解があること、そのことを支えにして一人ひとりが自主的に考えること、職場倫理を支えにして協力し合うことが職員一人ひとりの資質向上と育成支援の充実に役立つことを確かめた上で職務に当たることが求められます。

〈コラム〉　　　　　　　職場倫理の共有や遵守

　運営主体には、職員等が守るべき職場倫理を具体的に明文化し、それを研修等で共有の上、遵守状況を確認するなどの取組が求められます。そのための取組の例としては下記のようなものが挙げられます。

- 運営主体自身が学習し、職業としての倫理・法令とその理由を併せて知る。
- 運営主体が率先して、倫理・法令遵守を履行する行動を評価する職場環境をつくる。
- 放課後児童クラブを実施しているすべての事業所・職場で、倫理・法令を守ることを表明する（明文化して職場に掲示する、全職員に配布するなど）。
- 倫理・法令を守るためには心構えだけではなく技量・技術を身に付ける必要があることを明らかにして、研修や事例検討による学習を行う。
- 定期的に事業と育成支援の内容を振り返る機会を設けるなどして、倫理・法令の遵守状況を継続して確認できるようにする。

○　子どもや保護者の人権に十分配慮するとともに、一人ひとりの人格を尊重する。

　放課後児童クラブの運営主体及び放課後児童支援員等は、「児童福祉法」「児童の権利に関する条約」「障害者の権利に関する条約」等において規定されている子どもの人権を尊重することについて理解した上で、子どもや保護者の人権に十分配慮し、一人ひとりの人格を尊重して事業の運営と日々の職務に当たらなければなりません。

○　児童虐待等の子どもの心身に有害な影響を与える行為を禁止する。

　放課後児童支援員等は、子どもの最善の利益を考慮して育成支援を行うように努めなければなりません。そして、子どもが、放課後児童クラブを「安心して通い続けられる場」「自分を守ってくれる場」と認識して通えるようにすることが求められます。

　育成支援の場における虐待等の子どもの心身に有害な影響を与える行為は決して許されません。このことについて、基準第12条では、「放課後児童健

全育成事業者の職員は、利用者に対し、法第三十三条の十各号に掲げる行為その他当該利用者の心身に有害な影響を与える行為をしてはならない」とされています。なお、児童福祉法第33条の10第1項第3号の条文中の「生活を共にする他の児童による前二号又は次号に掲げる行為の放置」とは、放課後児童クラブ内の子どもによる特定の子どもに対するいじめを放置すること等を指します。職員には、子どもの人権や尊厳を守る責務があり、これらの行為も職員の子どもに対する保護の怠慢・ネグレクトといういわゆる虐待に該当することにも留意する必要があります。

〈関連法令・通知等〉

児童福祉法（昭和22年法律第164号）より

（第7節　被措置児童等虐待の防止等）

第33条の10　この法律で、被措置児童等虐待とは、小規模住居型児童養育事業に従事する者、里親若しくはその同居人、乳児院、児童養護施設、障害児入所施設、児童心理治療施設若しくは児童自立支援施設の長、その職員その他の従業者、指定発達支援医療機関の管理者その他の従業者、第12条の4に規定する児童を一時保護する施設を設けている児童相談所の所長、当該施設の職員その他の従業者又は第33条第1項若しくは第2項の委託を受けて児童の一時保護を行う業務に従事する者（以下「施設職員等」と総称する。）が、委託された児童、入所する児童又は一時保護が行われた児童（以下「被措置児童等」という。）について行う次に掲げる行為をいう。

一　被措置児童等の身体に外傷が生じ、又は生じるおそれのある暴行を加えること。

二　被措置児童等にわいせつな行為をすること又は被措置児童等をしてわいせつな行為をさせること。

三　被措置児童等の心身の正常な発達を妨げるような著しい減食又は

長時間の放置、同居人若しくは生活を共にする他の児童による前二号又は次号に掲げる行為の放置その他の施設職員等としての養育又は業務を著しく怠ること。

四　被措置児童等に対する著しい暴言又は著しく拒絶的な対応その他の被措置児童等に著しい心理的外傷を与える言動を行うこと。

○　国籍、信条又は社会的な身分による差別的な扱いを禁止する。

　放課後児童クラブは、児童の権利に関する条約第2条の規定に基づき、その運営や育成支援に当たって、子どもや保護者に、国籍、信条又は社会的な身分による差別的な扱いをしてはなりません。

○　守秘義務を遵守する。
○　関係法令に基づき個人情報を適切に取り扱い、プライバシーを保護する。

　放課後児童クラブの運営主体及び放課後児童支援員等は、子どもの育成支援に当たって子どもや保護者等から様々な個人情報や秘密を知り得る立場にあります。そのため、個人情報は厳重に管理し、慎重に取り扱う必要があります。個人情報として保護されるべきものには、個々の子どもや保護者の氏名や住所、電話番号等の個人情報のほか、子どもや保護者の写真等の肖像権も含まれることに留意が必要です。

　また、職員は、運営や育成支援に当たって知り得た子どもや家庭の様々な事情等に関する秘密については、正当な理由がない限り守秘義務があります。守秘義務は職員の退職後も適用されるべきものであり、運営主体は、文書を取り交わすなどの必要な措置により、秘密保持の遵守について確認しておく必要があります。

　個人情報保護法において、個人情報は「個人の人格尊重の理念の下に慎重に取り扱われるべき」ものとされています。そして、基準第16条では、「放

課後児童健全育成事業者の職員は、正当な理由がなく、その業務上知り得た利用者又はその家族の秘密を漏らしてはならない」「放課後児童健全育成事業者は、職員であった者が、正当な理由がなく、その業務上知り得た利用者又はその家族の秘密を漏らすことがないよう、必要な措置を講じなければならない」と職員の守秘義務とこれに関する運営主体の責務について定められています。

　これらを踏まえ、関係機関等との連携や保護者同士の交流等に当たって情報共有あるいは公開する場合には、個人情報保護や守秘義務の規定に抵触しないよう、情報の取扱いに配慮することが必要です。

　なお、要支援児童等と思われる者を把握した場合に市町村へ情報提供すること及び児童虐待が疑われる子どもの個人情報を児童相談所等に伝えることは、児童福祉法第21条の10の5第2項及び児童虐待防止法第6条第3項に基づき、秘密漏えいや守秘義務違反に当たらないとされています。

〈参考情報〉　　　　　　　「個人情報」と「守秘義務」

　保護の対象となる個人情報とは、「生存する個人に関する情報であって、当該情報に含まれる氏名、生年月日その他の記述等により特定の個人を識別することができるもの（他の情報と容易に照合することができ、それにより特定の個人を識別することができることとなるものを含む。）」を指します。

　個人情報を取り扱う必要がある事業者は、「個人情報を取り扱うに当たっては、その利用の目的をできる限り特定しなければならない」「利用目的を変更する場合には、変更前の利用目的と相当の関連性を有すると合理的に認められる範囲を超えて行ってはならない」「あらかじめ本人の同意を得ないで、前条の規定により特定された利用目的の達成に必要な範囲を超えて、個人情報を取り扱ってはならない」と個人情報保護法で定められています。（第15条、第16条）

　放課後児童クラブの運営や育成支援に当たって知り得た個人情報を適切に管理し、守秘義務を遵守するためには、個人情報が何を指すのか、どのような場合に守秘義務が生じるのかを理解した上で、具体的な措置を検討する必要があります。以下の例を参考に、取組を進めましょう。

〈個人情報管理や守秘義務の遵守のための措置の取組の具体例〉
● 個人情報、守秘義務の対象となる事項を明らかにしておく。
● 全職員と、守秘義務に関する誓約書を取り交わす（採用時、退職時等）。
● 児童名簿、児童票、育成支援の記録等の保管場所を特定し施錠するなどの管理をする。
● パソコンやデジタルカメラ等の電子機器・媒体や育成支援の様子を記録したファイル・動画・写真等について、持ち出しを禁止するなどして、データが外部に流出しないようにする。
● 放課後児童クラブとして、秘密保持に関して定期的にセルフチェックを含めた確認を行う。

○　保護者に誠実に対応し、信頼関係を構築する。

　放課後児童支援員等には、放課後児童クラブにおける子どもの様子を保護者に伝えるなど、日々の保護者とのやりとりにおいては誠実に対応し、保護者に安心感を与え、信頼を得るように努めることが望まれます。

○　放課後児童支援員等が相互に協力し、研鑽を積みながら、事業内容の向上に努める。

　放課後児童支援員は、豊かな人間性と倫理観を備え、常に自己研鑽に励みながら必要な知識及び技能を持って育成支援に当たる役割を担います。補助員についても、同様の役割を担うよう努めることが求められます。放課後児童支援員等各人が役割を自覚して日々自己研鑽に励み、相互に協力して育成

支援に当たることで、事業内容の向上に努めることが求められます。

○　事業の社会的責任や公共性を自覚する。

　放課後児童健全育成事業（放課後児童クラブ）は、地域社会の中で子育て
について重要な役割と責任を担っている事業です。また、放課後児童クラブ
に通う子どもは放課後の多くの時間を放課後児童クラブで過ごすことから、
子どもの放課後の生活の面から見ても大切な役割を担っているといえます。
放課後児童クラブの運営主体や放課後児童支援員等には、放課後児童クラブ
が有する社会的責任や公共性について十分に自覚し、事業の運営や育成支援
に取り組んでいくことが求められます。

2．要望及び苦情への対応

> （1）要望や苦情を受け付ける窓口を設置し、子どもや保護者等に周知する。

　放課後児童クラブでは、子どもや保護者、地域住民等からの要望や苦情があった時、それをどこに相談すればよいかを示しておく必要があります。要望や苦情の受付担当者を決め、そのことを放課後児童クラブ内に掲示する、通信等に掲載するなどにより、子どもや保護者等に知らせておくことが求められます。

　基準第17条第1項では、放課後児童クラブの運営主体には、「その行った支援に関する利用者又はその保護者等からの苦情に迅速かつ適切に対応するために、苦情を受け付けるための窓口を設置するなどの必要な措置を講じなければならない」とされています。

　なお、子どもや保護者等が要望や苦情を述べやすいようにするためには、日頃から子どもや保護者等が放課後児童支援員等に遠慮なく話せるような関係づくりに努めることが求められます。

> （2）苦情対応については、市町村と放課後児童クラブの運営主体が連携して、苦情解決責任者、苦情受付担当者、第三者委員の設置や、解決に向けた手順の整理等を行い、その仕組みについて子どもや保護者等にあらかじめ周知する。

　放課後児童クラブの運営主体には、子どもや保護者等から寄せられた苦情に的確に対応することができるように、市町村と連携して苦情の解決に向けた手順を整理して、子どもや保護者等に周知するよう取り組むことが求められます。

　社会福祉法第82条では、「社会福祉事業の経営者は、常に、その提供する福祉サービスについて、利用者等からの苦情の適切な解決に努めなければならない」と、苦情解決の努力義務が定められています。

　更に、社会福祉事業における苦情解決の体制や手順等については、「社会

福祉事業の経営者による福祉サービスに関する苦情解決の仕組みの指針について」（平成29年3月7日雇児発0307第1号・社援発0307第6号・老発0307第42号厚生労働省雇用均等・児童家庭局長、社会・援護局長、老健局長通知。以下「苦情解決指針」という。）で具体的に示されています。

　苦情解決指針では、苦情を一定のルール・体制の下で適切に解決するため、①苦情解決責任者、②苦情受付担当者、③第三者委員からなる苦情解決体制を構築するとともに、苦情解決の手順を整備すべきことが示されています。放課後児童クラブにおいてもこの指針に則って苦情解決の手順と仕組みを整備し、利用者への周知、苦情の受付、報告及び確認、苦情解決に向けての話合い、苦情解決の記録及び報告、解決結果の公表に取り組むことが求められます。

　なお、利用者からの苦情等について運営主体が独自で解決できない時に、中立的な立場から解決に向けた仲介をする「福祉サービス運営適正化委員会」（都道府県社会福祉協議会に設置）があります。

〈参考情報〉　　　　　　　　　　苦情解決の手順

「社会福祉事業の経営者による福祉サービスに関する苦情解決の仕組みの指針について」（平成29年3月7日雇児発0307第1号・社援発0307第6号・老発0307第42号厚生労働省雇用均等・児童家庭局長、社会・援護局長、老健局長通知）より

　以下に、「社会福祉事業の経営者による福祉サービスに関する苦情解決の仕組みの指針」を要約しました。子どもや保護者等からの苦情解決の体制や手順等を定める際の参考にしてください。

①利用者への周知	施設内への掲示、パンフレットの配布等により、苦情解決責任者は、利用者に対して、苦情解決責任者、苦情受付担当者及び第三者委員の氏名・連絡先や、苦情解決の仕組みについて周知する。

②苦情の受付	○苦情受付担当者は、利用者等からの苦情を随時受け付ける。なお、第三者委員も直接苦情を受け付けることができる。 ○苦情受付担当者は、利用者からの苦情受付に際し、次の事項を書面に記録し、その内容について苦情申出人に確認する。 　ア．苦情の内容 　イ．苦情申出人の希望等 　ウ．第三者委員への報告の要否 　エ．苦情申出人と苦情解決責任者の話合いへの第三者委員の助言、立会いの要否 ○ウ及びエが不要な場合は、苦情申出人と苦情解決責任者の話合いによる解決を図る。
③苦情受付の 　報告・確認	○苦情受付担当者は、受け付けた苦情はすべて苦情解決責任者及び第三者委員に報告する。ただし、苦情申出人が第三者委員への報告を明確に拒否する意思表示をした場合を除く。 ○投書等匿名の苦情については、第三者委員に報告し、必要な対応を行う。 ○第三者委員は、苦情受付担当者から苦情内容の報告を受けた場合は、内容を確認するとともに、苦情申出人に対して報告を受けた旨を通知する。
④苦情解決に向 　けての話合い	○苦情解決責任者は苦情申出人との話合いによる解決に努める。その際、苦情申出人又は苦情解決責任者は、必要に応じて第三者委員の助言を求めることができる。 ○第三者委員の立会いによる苦情申出人と苦情解決責任者の話合いは、次により行う。 　ア．第三者委員による苦情内容の確認 　イ．第三者委員による解決案の調整、助言 　ウ．話合いの結果や改善事項等の書面での記録と確認 なお、苦情解決責任者も第三者委員の立会いを要請することができる。

⑤苦情解決の 記録、報告	苦情解決や改善を重ねることにより、サービスの質が高まり、運営の適正化が確保される。これらを実効あるものとするため、記録と報告を積み重ねるようにする。 　ア. 苦情受付担当者は、苦情受付から解決・改善までの経過と結果について書面に記録をする。 　イ. 苦情解決責任者は、一定期間ごとに苦情解決結果について第三者委員に報告し、必要な助言を受ける。 　ウ. 苦情解決責任者は、苦情申出人に改善を約束した事項について、苦情申出人及び第三者委員に対して、一定期間経過後、報告する。
⑥解決結果の 公表	利用者によるサービスの選択や事業者によるサービスの質や信頼性の向上を図るため、個人情報に関するものを除き、インターネットを活用した方法のほか、「事業報告書」や「広報誌」等に実績を掲載し、公表する。

（3）子どもや保護者等からの要望や苦情に対しては、迅速かつ適切に、誠意を持って対応する。

　放課後児童クラブの運営主体及び放課後児童支援員等は、要望や苦情への対応を通して、自らの事業運営や育成支援の内容、子どもや保護者等への対応を謙虚に振り返って改善すべき課題に取り組み、誠実に対応していくことが求められます。また、要望や苦情への対応に当たっては、迅速かつ適切に解決が図られる必要がありますので、対応の仕組みを構築する必要があります。
　要望や苦情は、保護者からだけではなく、放課後児童クラブを利用している子どもから寄せられることも考えられます。特に苦情への対応については、その対応が子どもや保護者等とのその後の信頼関係を左右するものであるといっても過言ではありません。放課後児童支援員等には、子どもからの要望や苦情も保護者からの要望や苦情と同様に、誠実に対応することが求められます。

> （4）要望や苦情については、その内容や対応について職員間で共有する
> 　ことにより、事業内容の向上に生かす。

　子どもや保護者からの要望や苦情には、事業内容の向上に向けたヒントが
隠されています。要望や苦情は、その対応の過程において、自らの育成支援
の内容を見直し、改善すべき課題をみつけて事業内容の向上を図っていくた
めに欠かすことのできないものと捉え、誠実に対応することが求められます。
　要望や苦情の内容や対応の経過については、それらを記録し、職員会議等
で共有し、事業内容の向上にいかすことが望まれます。また、そうした改善
に向けた方向性や努力については、要望や苦情を示した保護者等にも説明し、
理解を求めていくことも必要です。

3．事業内容向上への取り組み

（1）職員集団のあり方

> ○　放課後児童支援員等は、会議の開催や記録の作成等を通じた情報交換や情報共有を図り、事例検討を行うなど相互に協力して自己研鑽に励み、事業内容の向上を目指す職員集団を形成する。
>
> ○　放課後児童支援員等は、子どもや保護者を取り巻くさまざまな状況に関心を持ち、育成支援に当たっての課題等について建設的な意見交換を行うことにより、事業内容を向上させるように努める。

　放課後児童クラブでは、子どもが室内や屋外等様々な場所に分かれて過ごすことがありますし、同じ場所の中で遊びと宿題、自習等の学習活動等、いくつかの活動が並行して行われることもあります。そのため、放課後児童支援員等は、役割や場所を分担して子どもに関わることが多くあります。また、子どものことについて一人ひとりの放課後児童支援員等が気付くことや、育成支援の中で抱く迷いや悩み等は、それぞれに異なっていることが多いものです。これらのことから、放課後児童クラブの育成支援は、子どもの様子や出来事を伝え合いながら行うことが求められます。

　放課後児童支援員等は、育成支援の中での連携（申し送りや引継ぎ、分担等）を効果的に行うとともに、会議（開始・終了時の打合せや定例会議等）の開催や記録（業務記録・育成支援の記録）の作成等を通じて情報交換や情報共有を図ることが求められます。また、事例検討を行うなどして、相互に協力して日々研鑽に励むことも必要です。

　放課後児童クラブの運営主体には、事業運営に当たって、放課後児童支援員等が育成支援に必要な会議の開催や記録の作成、事例検討が行えるような体制をつくることが求められます。

（2）研修等

> ○　放課後児童クラブの運営主体は、放課後児童支援員等のための職場内での教育訓練や研修のみならず、職場を離れての研修の機会を確保し、その参加を保障する必要がある。
> ○　放課後児童支援員等は、研修等を通じて、必要な知識及び技能の習得、維持及び向上に努める。

◇　研修等の機会の確保

　放課後児童クラブの運営主体には、事業内容の向上を図るため、職場内外の様々な機会を捉えて、放課後児童支援員等の資質向上を図るための教育訓練や研修等の機会を充実させ、参加を保障することが求められます。この研修には、運営主体あるいは各放課後児童クラブが実施する研修のほか、外部研修への参加や他の放課後児童クラブ等との交流研修も含まれます。

　研修等の機会の確保については、事例検討会、外部講師を招いての勉強会、他の放課後児童クラブ等との交流研修等、様々な形態が考えられます。放課後児童支援員等の意見やニーズを把握しながら、様々な研修等の機会を工夫していくことが望まれます。また、研修等の日程や内容を積極的に放課後児童支援員等に伝え、参加を促すことも求められます。

◇　研修等を通じた知識及び技能の習得、維持及び向上

　研修等は、参加する放課後児童支援員等にとって貴重な学びの機会であるだけでなく、放課後児童クラブにとっても新たな知識や視点を職場に取り入れ、日々の実践を振り返る貴重な機会となります。そのため、放課後児童支援員等には、研修等に積極的に参加し、知識及び技能の習得、維持及び向上に努めることが望まれます。また、研修等に参加した放課後児童支援員等が、研修参加後にその内容を職場内で伝達するなどして、学んできた知識や技能を職場内で共有することで、職場全体の知識及び技能の向上が期待できます。

　なお、研修内容等については、厚生労働省の「放課後児童クラブの質の向

上のための研修企画検討会」において作成した「放課後児童クラブに従事する者の研修体系の整理」（平成27年3月24日）や厚生労働省の通知「職員の資質向上・人材確保等研修事業の実施について」別添5「放課後児童支援員等研修事業実施要綱」が参考となります。

○　放課後児童クラブの運営主体には、職員が自発的、継続的に研修に参加できるように、研修受講計画を策定し、管理するなどの環境を整備していくとともに、職員の自己研鑽、自己啓発への時間的、経済的な支援や情報提供も含めて取り組んでいくことが求められる。

◇　放課後児童支援員等が学び続けられる環境の整備

　放課後児童クラブにおける育成支援の質の向上のためには、放課後児童支援員等が継続して自ら学び続けられる環境を整備することが重要です。そのため、運営主体には放課後児童支援員等が日々の業務における経験から学び、自己研鑽に励むことを促進することと併せて、日々の業務以外の場においても学習を積み重ねるために研修等への参加や自己啓発活動を支援することが求められます。

◇　研修計画の策定

　事業運営の中に研修を計画的に組み込んでいけるように、年度単位等で放課後児童クラブとしての研修計画を定め、年間事業計画の中に明確に位置付けるとともに、放課後児童支援員等の間で共有することが望まれます。

　また、個々の放課後児童支援員等についても計画的な学びを実現し、学ぶ意欲を向上させる観点から、個別の研修受講計画を作成することが望まれます。放課後児童クラブの運営の責任者等が個々の放課後児童支援員等の知識や技能の状況や関心について把握し、互いに話し合いながら計画を立てていくことが望ましいといえます。

◇　研修に参加しやすい環境の整備や自己研鑽、自己啓発への支援

　研修等への参加の保障に関しては、それを実現できる職員体制や労働環境の整備に取り組むことも必要とされます。

　また、直接的に研修に派遣するだけでなく、放課後児童支援員等個々が自ら行う自己研鑽のための取組についても情報提供等を含めて奨励し、そのための活動時間の確保や活動に係る経費補助等の形で支援していくことも考えられます。

（3）運営内容の評価と改善

○　放課後児童クラブの運営主体は、その運営の内容について自己評価を行い、その結果を公表するように努める。評価を行う際には、子どもや保護者の意見を取り入れて行うことが求められる。

○　評価の結果については、職員間で共有し、改善の方向性を検討して事業内容の向上に生かす。

◇　運営内容の自己評価の実施と結果の公表の意義

　放課後児童クラブでは、放課後児童クラブを利用する子どもやその保護者に運営内容を説明し、理解や協力を得ながら、育成支援を行うことが必要です。そのために、放課後児童クラブの運営主体は、その運営の内容についての自己評価を行い、その結果をもとに放課後児童支援員等と話し合って事業の改善を図るとともに、結果を公表することを通じて、放課後児童クラブが何にどのように取り組んでいるのかを明らかにすることが求められます。

　自己評価結果を公表することは、子どもや保護者、地域との継続的な対話や協力関係づくりを進め、信頼される開かれた放課後児童クラブとなる契機として期待されます。

◇　自己評価の方法と内容

　自己評価は、放課後児童クラブの年間事業計画の中に位置付け、評価の実

施、結果の分析と改善方策の検討、評価結果の公表のスケジュールを計画し、組織的に取り組むことが望まれます。

運営の内容についての自己評価には、事業運営についての評価と育成支援についての評価が含まれます。

事業運営についての評価は、運営の内容を多面的な観点から行うように努め、客観的に把握し根拠を示すことができる情報や資料に基づいて実施することが望まれます。

育成支援についての評価は、放課後児童支援員等による育成支援の内容についての振り返り及びまとめに基づいて行うものです。育成支援の計画や記録をもとに、放課後児童支援員等が子どもへの関わり、遊びや生活の様子等について整理した内容を踏まえ、運営主体と放課後児童支援員等との話合いを通じて行うことが望まれます。

自己評価を行うに当たっては、放課後児童クラブに期待されている役割や機能に即して子どもや保護者のニーズを把握し、地域の実情や放課後児童クラブの実態に応じて、評価の観点や項目を検討する必要があります。評価の観点や項目は、運営指針の項目等を参考にしながら、放課後児童支援員等の間で十分に話し合い、子どもや保護者等の意見も取り入れて設定することが望まれます。また、自己評価の項目として、年度の途中退所率等の客観的に数値で確認できるものや、子どもや保護者等からのアンケート結果等から判断できるものを組み込むことも望まれます。この検討の過程は、放課後児童支援員等の間で現状の課題と改善の方向性を共有する過程ともなります。

◇　自己評価結果の公表と活用

自己評価結果の公表の方法としては、通信や掲示板への掲示、ホームページの利用等、様々な方法が考えられます。自己評価結果のどの部分をどのように公表するのかについては、各放課後児童クラブの運営主体の判断に委ねられますが、保護者や地域との対話や信頼関係の構築に役立つ内容となるように工夫することが求められます。

自己評価の結果については、その結果の意味合いやそこから見出される改

善点や課題について話し合い、事業内容の向上にいかしていくことが必要です。

付　録

1．児童福祉法

2．放課後児童健全育成事業の設備及び運営に関する基準

3．放課後児童健全育成事業の設備及び運営に関する基準について

4．「放課後児童クラブ運営指針」の策定について

5．放課後児童クラブ運営指針

6．放課後児童健全育成事業の設備及び運営に関する基準の一部を改正する省令の施行について（平成30年3月30日）

7．放課後児童健全育成事業の設備及び運営に関する基準の一部を改正する省令の施行について（平成31年3月29日）

8．放課後児童健全育成事業の設備及び運営に関する基準の一部を改正する省令の施行について（令和元年10月3日）

9．放課後児童健全育成事業の設備及び運営に関する基準の一部を改正する省令の施行について（令和2年3月23日）

児童福祉法

（昭和二十二年十二月十二日法律第百六十四号）

最終改正：令和元年六月二六日法律第四六号

第一章　総則

　第二節　定義

第六条の三

②　この法律で、放課後児童健全育成事業とは、小学校に就学している児童であつて、その保護者が労働等により昼間家庭にいないものに、授業の終了後に児童厚生施設等の施設を利用して適切な遊び及び生活の場を与えて、その健全な育成を図る事業をいう。

第三章　事業、養育里親及び養子縁組里親並びに施設

第三十四条の八の二　市町村は、放課後児童健全育成事業の設備及び運営について、条例で基準を定めなければならない。この場合において、その基準は、児童の身体的、精神的及び社会的な発達のために必要な水準を確保するものでなければならない。

②　市町村が前項の条例を定めるに当たつては、厚生労働省令で定める基準を参酌するものとする。

③　放課後児童健全育成事業を行う者は、第一項の基準を遵守しなければならない。

放課後児童健全育成事業の設備及び運営に関する基準
(平成二十六年厚生労働省令第六十三号)

最終改正：令和二年四月一日厚生労働省令第二十一号

(趣旨)
第一条　この省令は、児童福祉法(昭和二十二年法律第百六十四号。以下「法」という。)
　　第三十四条の八の二第二項の放課後児童健全育成事業の設備及び運営に関する基準(以下
　　「設備運営基準」という。)を市町村(特別区を含む。以下同じ。)が条例で定めるに当たっ
　　て参酌すべき基準を定めるものとする。
2　設備運営基準は、市町村長(特別区の区長を含む。以下同じ。)の監督に属する放課後
　　児童健全育成事業を利用している児童(以下「利用者」という。)が、明るくて、衛生的
　　な環境において、素養があり、かつ、適切な訓練を受けた職員の支援により、心身ともに
　　健やかに育成されることを保障するものとする。
3　厚生労働大臣は、設備運営基準を常に向上させるように努めるものとする。

(最低基準の目的)
第二条　法第三十四条の八の二第一項の規定により市町村が条例で定める基準(以下「最低
　　基準」という。)は、利用者が、明るくて、衛生的な環境において、素養があり、かつ、
　　適切な訓練を受けた職員の支援により、心身ともに健やかに育成されることを保障するも
　　のとする。

(最低基準の向上)
第三条　市町村長は、その管理に属する法第八条第四項に規定する市町村児童福祉審議会を
　　設置している場合にあってはその意見を、その他の場合にあっては児童の保護者その他児
　　童福祉に係る当事者の意見を聴き、その監督に属する放課後児童健全育成事業を行う者(以
　　下「放課後児童健全育成事業者」という。)に対し、最低基準を超えて、その設備及び運
　　営を向上させるように勧告することができる。
2　市町村は、最低基準を常に向上させるように努めるものとする。

(最低基準と放課後児童健全育成事業者)
第四条　放課後児童健全育成事業者は、最低基準を超えて、常に、その設備及び運営を向上
　　させなければならない。
2　最低基準を超えて、設備を有し、又は運営をしている放課後児童健全育成事業者におい
　　ては、最低基準を理由として、その設備又は運営を低下させてはならない。

（放課後児童健全育成事業の一般原則）

第五条　放課後児童健全育成事業における支援は、小学校に就学している児童であって、その保護者が労働等により昼間家庭にいないものにつき、家庭、地域等との連携の下、発達段階に応じた主体的な遊びや生活が可能となるよう、当該児童の自主性、社会性及び創造性の向上、基本的な生活習慣の確立等を図り、もって当該児童の健全な育成を図ることを目的として行われなければならない。

2　放課後児童健全育成事業者は、利用者の人権に十分配慮するとともに、一人一人の人格を尊重して、その運営を行わなければならない。

3　放課後児童健全育成事業者は、地域社会との交流及び連携を図り、児童の保護者及び地域社会に対し、当該放課後児童健全育成事業者が行う放課後児童健全育成事業の運営の内容を適切に説明するよう努めなければならない。

4　放課後児童健全育成事業者は、その運営の内容について、自ら評価を行い、その結果を公表するよう努めなければならない。

5　放課後児童健全育成事業を行う場所（以下「放課後児童健全育成事業所」という。）の構造設備は、採光、換気等利用者の保健衛生及び利用者に対する危害防止に十分な考慮を払って設けられなければならない。

（放課後児童健全育成事業者と非常災害対策）

第六条　放課後児童健全育成事業者は、軽便消火器等の消火用具、非常口その他非常災害に必要な設備を設けるとともに、非常災害に対する具体的計画を立て、これに対する不断の注意と訓練をするように努めなければならない。

2　前項の訓練のうち、避難及び消火に対する訓練は、定期的にこれを行わなければならない。

（放課後児童健全育成事業者の職員の一般的要件）

第七条　放課後児童健全育成事業において利用者の支援に従事する職員は、健全な心身を有し、豊かな人間性と倫理観を備え、児童福祉事業に熱意のある者であって、できる限り児童福祉事業の理論及び実際について訓練を受けた者でなければならない。

（放課後児童健全育成事業者の職員の知識及び技能の向上等）

第八条　放課後児童健全育成事業者の職員は、常に自己研鑽（さん）に励み、児童の健全な育成を図るために必要な知識及び技能の修得、維持及び向上に努めなければならない。

2　放課後児童健全育成事業者は、職員に対し、その資質の向上のための研修の機会を確保しなければならない。

（設備の基準）

第九条　放課後児童健全育成事業所には、遊び及び生活の場としての機能並びに静養するための機能を備えた区画（以下この条において「専用区画」という。）を設けるほか、支援の提供に必要な設備及び備品等を備えなければならない。

2　専用区画の面積は、児童一人につきおおむね一・六五平方メートル以上でなければならない。

3　専用区画並びに第一項に規定する設備及び備品等（次項において「専用区画等」という。）は、放課後児童健全育成事業所を開所している時間帯を通じて専ら当該放課後児童健全育成事業の用に供するものでなければならない。ただし、利用者の支援に支障がない場合は、この限りでない。

4　専用区画等は、衛生及び安全が確保されたものでなければならない。

（職員）

第十条　放課後児童健全育成事業者は、放課後児童健全育成事業所ごとに、放課後児童支援員を置かなければならない。

2　放課後児童支援員の数は、支援の単位ごとに二人以上とする。ただし、その一人を除き、補助員（放課後児童支援員が行う支援について放課後児童支援員を補助する者をいう。第五項において同じ。）をもってこれに代えることができる。

3　放課後児童支援員は、次の各号のいずれかに該当する者であって、都道府県知事又は地方自治法（昭和二十二年法律第六十七号）第二百五十二条の十九第一項の指定都市若しくは同法第二百五十二条の二十二第一項の中核市の長が行う研修を修了したものでなければならない。

一　保育士（国家戦略特別区域法（平成二十五年法律第百七号）第十二条の五第五項に規定する事業実施区域内にある放課後児童健全育成事業所にあっては、保育士又は当該事業実施区域に係る国家戦略特別区域限定保育士）の資格を有する者

二　社会福祉士の資格を有する者

三　学校教育法（昭和二十二年法律第二十六号）の規定による高等学校（旧中等学校令（昭和十八年勅令第三十六号）による中等学校を含む。）若しくは中等教育学校を卒業した者、同法第九十条第二項の規定により大学への入学を認められた者若しくは通常の課程による十二年の学校教育を修了した者（通常の課程以外の課程によりこれに相当する学校教育を修了した者を含む。）又は文部科学大臣がこれと同等以上の資格を有すると認定した者（第九号において「高等学校卒業者等」という。）であって、二年以上児童福祉事業に従事したもの

四　教育職員免許法（昭和二十四年法律第百四十七号）第四条に規定する免許状を有する者

五　学校教育法の規定による大学（旧大学令（大正七年勅令第三百八十八号）による大学

を含む。）において、社会福祉学、心理学、教育学、社会学、芸術学若しくは体育学を専修する学科又はこれらに相当する課程を修めて卒業した者（当該学科又は当該課程を修めて同法の規定による専門職大学の前期課程を修了した者を含む。）

六　学校教育法の規定による大学において、社会福祉学、心理学、教育学、社会学、芸術学若しくは体育学を専修する学科又はこれらに相当する課程において優秀な成績で単位を修得したことにより、同法第百二条第二項の規定により大学院への入学が認められた者

七　学校教育法の規定による大学院において、社会福祉学、心理学、教育学、社会学、芸術学若しくは体育学を専攻する研究科又はこれらに相当する課程を修めて卒業した者

八　外国の大学において、社会福祉学、心理学、教育学、社会学、芸術学若しくは体育学を専修する学科又はこれらに相当する課程を修めて卒業した者

九　高等学校卒業者等であり、かつ、二年以上放課後児童健全育成事業に類似する事業に従事した者であって、市町村長が適当と認めたもの

十　五年以上放課後児童健全育成事業に従事した者であって、市町村長が適当と認めたもの

4　第二項の支援の単位は、放課後児童健全育成事業における支援であって、その提供が同時に一又は複数の利用者に対して一体的に行われるものをいい、一の支援の単位を構成する児童の数は、おおむね四十人以下とする。

5　放課後児童支援員及び補助員は、支援の単位ごとに専ら当該支援の提供に当たる者でなければならない。ただし、利用者が二十人未満の放課後児童健全育成事業所であって、放課後児童支援員のうち一人を除いた者又は補助員が同一敷地内にある他の事業所、施設等の職務に従事している場合その他の利用者の支援に支障がない場合は、この限りでない。

（利用者を平等に取り扱う原則）

第十一条　放課後児童健全育成事業者は、利用者の国籍、信条又は社会的身分によって、差別的取扱いをしてはならない。

（虐待等の禁止）

第十二条　放課後児童健全育成事業者の職員は、利用者に対し、法第三十三条の十各号に掲げる行為その他当該利用者の心身に有害な影響を与える行為をしてはならない。

（衛生管理等）

第十三条　放課後児童健全育成事業者は、利用者の使用する設備、食器等又は飲用に供する水について、衛生的な管理に努め、又は衛生上必要な措置を講じなければならない。

2　放課後児童健全育成事業者は、放課後児童健全育成事業所において感染症又は食中毒が

発生し、又はまん延しないように必要な措置を講ずるよう努めなければならない。

3 放課後児童健全育成事業所には、必要な医薬品その他の医療品を備えるとともに、それらの管理を適正に行わなければならない。

（運営規程）

第十四条 放課後児童健全育成事業者は、放課後児童健全育成事業所ごとに、次の各号に掲げる事業の運営についての重要事項に関する運営規程を定めておかなければならない。

一 事業の目的及び運営の方針

二 職員の職種、員数及び職務の内容

三 開所している日及び時間

四 支援の内容及び当該支援の提供につき利用者の保護者が支払うべき額

五 利用定員

六 通常の事業の実施地域

七 事業の利用に当たっての留意事項

八 緊急時等における対応方法

九 非常災害対策

十 虐待の防止のための措置に関する事項

十一 その他事業の運営に関する重要事項

（放課後児童健全育成事業者が備える帳簿）

第十五条 放課後児童健全育成事業者は、職員、財産、収支及び利用者の処遇の状況を明らかにする帳簿を整備しておかなければならない。

（秘密保持等）

第十六条 放課後児童健全育成事業者の職員は、正当な理由がなく、その業務上知り得た利用者又はその家族の秘密を漏らしてはならない。

2 放課後児童健全育成事業者は、職員であった者が、正当な理由がなく、その業務上知り得た利用者又はその家族の秘密を漏らすことがないよう、必要な措置を講じなければならない。

（苦情への対応）

第十七条 放課後児童健全育成事業者は、その行った支援に関する利用者又はその保護者等からの苦情に迅速かつ適切に対応するために、苦情を受け付けるための窓口を設置する等の必要な措置を講じなければならない。

2 放課後児童健全育成事業者は、その行った支援に関し、市町村から指導又は助言を受

けた場合は、当該指導又は助言に従って必要な改善を行わなければならない。

3　放課後児童健全育成事業者は、社会福祉法（昭和二十六年法律第四十五号）第八十三条に規定する運営適正化委員会が行う同法第八十五条第一項の規定による調査にできる限り協力しなければならない。

（開所時間及び日数）

第十八条　放課後児童健全育成事業者は、放課後児童健全育成事業所を開所する時間について、次の各号に掲げる区分に応じ、それぞれ当該各号に定める時間以上を原則として、その地方における児童の保護者の労働時間、小学校の授業の終了の時刻その他の状況等を考慮して、当該事業所ごとに定める。

一　小学校の授業の休業日に行う放課後児童健全育成事業　一日につき八時間

二　小学校の授業の休業日以外の日に行う放課後児童健全育成事業　一日につき三時間

2　放課後児童健全育成事業者は、放課後児童健全育成事業所を開所する日数について、一年につき二百五十日以上を原則として、その地方における児童の保護者の就労日数、小学校の授業の休業日その他の状況等を考慮して、当該事業所ごとに定める。

（保護者との連絡）

第十九条　放課後児童健全育成事業者は、常に利用者の保護者と密接な連絡をとり、当該利用者の健康及び行動を説明するとともに、支援の内容等につき、その保護者の理解及び協力を得るよう努めなければならない。

（関係機関との連携）

第二十条　放課後児童健全育成事業者は、市町村、児童福祉施設、利用者の通学する小学校等関係機関と密接に連携して利用者の支援に当たらなければならない。

（事故発生時の対応）

第二十一条　放課後児童健全育成事業者は、利用者に対する支援の提供により事故が発生した場合は、速やかに、市町村、当該利用者の保護者等に連絡を行うとともに、必要な措置を講じなければならない。

2　放課後児童健全育成事業者は、利用者に対する支援の提供により賠償すべき事故が発生した場合は、損害賠償を速やかに行わなければならない。

　　　　附　　則

（施行期日）
第一条　この省令は、子ども・子育て支援法及び就学前の子どもに関する教育、保育等の総合的な提供の推進に関する法律の一部を改正する法律の施行に伴う関係法律の整備等に関する法律（平成二十四年法律第六十七号）の施行の日から施行する。

（職員の経過措置）
第二条　この省令の施行の日から平成三十二年三月三十一日までの間、第十条第三項の規定の適用については、同項中「修了したもの」とあるのは、「修了したもの（平成三十二年三月三十一日までに修了することを予定している者を含む。）」とする。

　　　　附　　則　（平成二七年八月三一日厚生労働省令第一三三号）

　この省令は、国家戦略特別区域法及び構造改革特別区域法の一部を改正する法律の施行の日（平成二十七年九月一日）から施行する。

　　　　附　　則　（平成二八年二月三日厚生労働省令第一二号）

　この省令は、平成二十八年四月一日から施行する。

　　　　附　　則　（平成二九年九月二二日厚生労働省令第九四号）

　この省令は、国家戦略特別区域法及び構造改革特別区域法の一部を改正する法律の施行の日（平成二十九年九月二十二日）から施行する。

　　　　附　　則　（平成三〇年二月一六日厚生労働省令第一五号）

この省令は、平成三十一年四月一日から施行する。

　　　　附　　則　（平成三〇年三月三〇日厚生労働省令第四六号）

この省令は、平成三十年四月一日から施行する。

　　　　附　　則　（平成三一年三月二九日厚生労働省令第五〇号）

この省令は、平成三十一年四月一日から施行する。

　　　　附　　則　（令和元年一〇月三日厚生労働省令第六一号）

この省令は、令和二年四月一日から施行する。

　　　　附　　則　（令和二年三月四日厚生労働省令第二一号）

この省令は、令和二年四月一日から施行する。

雇児発0530第1号
平成26年5月30日

都道府県知事
各 指定都市市長 殿
中核市市長

厚生労働省雇用均等・児童家庭局長

（ 公 印 省 略 ）

放課後児童健全育成事業の設備及び運営に関する基準について

　平成24年8月22日に公布された子ども・子育て支援法及び就学前の子どもに関する教育、保育等の総合的な提供の推進に関する法律の一部を改正する法律の施行に伴う関係法律の整備等に関する法律（平成24年法律第67号）による改正後の児童福祉法（昭和22年法律第164号。以下「法」という。）第34条の8の2第2項の規定に基づく放課後児童健全育成事業の設備及び運営に関する基準（平成26年厚生労働省令第63号。以下「基準」という。）が本年4月30日に公布されたところであるが、基準の趣旨及び内容は下記のとおりであるので、御了知の上、貴管内市町村（特別区を含み、指定都市及び中核市を除く。）に周知を図るとともに、その運用に遺漏のなきようにされたい。
　なお、本通知は地方自治法（昭和22年法律第67号）第245条の4第1項の規定に基づく技術的助言であることを申し添える。

記

第一　基準の内容
　1　総論関係
　（1）基準の区分（基準第1条第1項）
　　　基準第1条第1項は、基準のうち、放課後児童健全育成事業に従事する者及びその員数（基準第10条（第4項を除く。）及び附則第2条）については従うべき基準、その他の事項については参酌すべき基準と区分することを定めるものである。

　（2）基準の目的及び向上（基準第1条第2項及び第3項）
　　　①　基準第1条第2項は、基準は、市町村長（特別区の区長を含む。以下同じ。）の

監督に属する放課後児童健全育成事業を利用している児童（以下「利用者」という。）が、明るくて、衛生的な環境において、素養があり、かつ、適切な訓練を受けた職員の支援により、心身ともに健やかに育成されることを保障するものとするものである。

② 同条第3項は、厚生労働大臣は、基準を常に向上させるよう努めるものとするものである。

（3）最低基準の目的及び向上（基準第2条及び第3条）

① 基準第2条は、法第34条の8の2第1項の規定により市町村（特別区を含む。以下同じ。）が条例で定める基準（以下「最低基準」という。）は、利用者が、明るくて、衛生的な環境において、素養があり、かつ、適切な訓練を受けた職員の支援により、心身ともに健やかに育成されることを保障するものとするものである。

② 基準第3条第1項は、市町村長は、その管理に属する法第8条第4項に規定する市町村児童福祉審議会を設置している場合にあってはその意見を、その他の場合にあっては児童の保護者その他児童福祉に係る当事者の意見を聴き、その監督に属する放課後児童健全育成事業を行う者（以下「事業者」という。）に対し、最低基準を超えて、その設備及び運営を向上させるように勧告することができるものとするものである。

③ 基準第3条第2項は、市町村は、最低基準を常に向上させるよう努めるものとするものである。

（4）最低基準と事業者（基準第4条）

基準第4条は、事業者は、最低基準を超えて、常に、その設備及び運営を向上させなければならないとするとともに、最低基準を超えて、設備を有し、又は運営をしている事業者において、最低基準を理由として、その設備又は運営を低下させてはならないとするものである。

（5）放課後児童健全育成事業の一般原則（基準第5条）

① 基準第5条第1項は、放課後児童健全育成事業における支援の目的について定めるものである。放課後児童健全育成事業における「支援」は、放課後児童健全育成事業の対象となる児童について、家庭、地域等との連携の下、発達段階に応じた主体的な遊びや生活が可能となるよう、当該児童の自主性、社会性及び創造性の向上、基本的な生活習慣の確立等を図り、もって当該児童の健全な育成を図ることを目的として行わなければならないものとするものである。

② 同条第2項から第5項までは、事業の一般原則として、

・ 利用者の人権への配慮、人格を尊重して運営すること

- 地域社会との交流及び連携、児童の保護者及び地域社会に対する運営内容の説明に努めること
- 運営の内容についての自己評価、結果の公表に努めること
- 放課後児童健全育成事業を行う場所（以下「事業所」という。）の構造設備について、採光、換気等利用者の保健衛生及びこれらの者に対する危害防止に十分な配慮を払って設けなければならないこと

について定めるものである。

（6）事業者と非常災害対策（基準第6条）
① 基準第6条第1項は、消火用具、非常口等非常災害に必要な設備の設置、非常災害に対する具体的計画の策定、訓練の実施に努めなければならないとするものである。各事業所においては、防災マニュアル等を備えておくことが望ましい。
② 同条第2項は、訓練のうち、避難及び消火に対する訓練は、定期的にこれを行わなければならないとするものである。
　ここでの「定期的」な訓練の実施については、一定の継続性が必要であることや、小学校の学期の区切りにおいて児童の入れ替わりが想定されること等諸般の事情を考慮し、少なくとも年2回以上実施することが望ましい。

（7）事業者の職員の一般的要件（基準第7条）
　基準第7条は、放課後児童健全育成事業において利用者の支援に従事する職員は、健全な心身を有し、豊かな人間性と倫理観を備え、児童福祉事業に熱意のある者であって、できる限り児童福祉事業の理論及び実際について訓練を受けた者でなければならないものである。
　ここでの「利用者の支援に従事する職員」には、放課後児童支援員（3の（1）及び（3）参照）だけでなく、補助員（3の（2）参照））も含まれるものである。

（8）事業者の職員の知識及び技能の向上等（基準第8条）
① 基準第8条第1項は、事業者の職員は、常に自己研鑽に励み、児童の健全な育成を図るために必要な知識及び技能の修得、維持及び向上に努めなければならないものとするものである。
② 同条第2項は、事業者は、職員に対し、その資質の向上のための研修の機会を確保しなければならないとするものである。

2 設備に関する基準

（1）専用区画の設置（基準第9条第1項）

　基準第9条第1項に規定する「専用区画」とは、遊び及び生活の場としての機能並びに静養するための機能を備えた区画をいい、「区画」とは、部屋又は間仕切り等で区切られたスペースをいうものである。ここでの「遊び及び生活の場」とは、児童にとって安心・安全であり、静かに過ごせる場をいうものであり、体育館など、体を動かす遊びや活動を行う場とは区分すること。

　なお、「専用区画」に静養スペースがなく、別の部屋に設置されている場合でも、「静養するための機能」を備えていると取り扱って差し支えないが、例えば、静養が必要な利用者がいる場合にのみ保健室を開放するような場合に、当該保健室の面積を専用区画の面積の算定の基礎に含めることは適当でない（（2）参照）。

（2）専用区画の面積（基準第9条第2項）

　基準第9条第2項の「児童1人につきおおむね1.65㎡以上」とは、専用区画の面積を児童の数で割った値をいうものである。ここでの「児童の数」の考え方については、3の（4）の「児童の数」と同義である。

　専用区画は、（1）のとおり、利用者の生活の場としての機能が十分に確保される場所であることが必要であるため、事務室、便所等は含まない。

（3）専用区画等の考え方（基準第9条第3項）

　基準第9条第3項の「放課後児童健全育成事業所を開所している時間帯を通じて専ら当該放課後児童健全育成事業の用に供するものでなければならない」とは、原則として、事業所を開所している時間帯を通じて専用区画等を放課後児童健全育成事業の専用とすることをいうものであり、事業所を開所していない時間帯に他の事業等に利用することを妨げるものではない。

　また、同項の「利用者の支援に支障がない場合」とは、例えば、放課後子供教室など、全ての児童を対象にした事業等と一体的に実施する際に、利用者が利用者以外の児童と共に遊びや生活の時間を過ごす場合が考えられる。この場合でも、専用区画の面積については、利用者の数を基礎として算定されるものであることから、利用者の生活の場としての機能が十分担保されるよう、例えば、全ての児童を対象としたプログラムを実施する際には、専用区画の他に必要な場所を活用するなど、十分配慮した運営を行うこと。

（4）専用区画等の衛生及び安全（基準第9条第4項）

　基準第9条第4項は、専用区画等は、衛生及び安全が確保されたものでなければならないとするものである。

3 職員に関する基準

（1）放課後児童支援員の配置（基準第10条第１項）

　　基準第10条第１項は、事業者は、事業所ごとに、放課後児童支援員（（３）参照）を置かなければならないとするものである。具体的な配置基準については、同条第２項で定めている（（２）参照）。

（2）放課後児童支援員の数（基準第10条第２項）

　　基準第10条第２項は、職員の配置基準を定めるものである。放課後児童支援員は、（４）の「支援の単位」ごとに２人以上置くこととするが、その１人を除き、補助員（放課後児童支援員が行う支援について放課後児童支援員を補助する者をいう。以下同じ。）をもってこれに代えることができるものとする。

　　なお、事業所を開所している時間帯を通じて、同項の基準を満たす必要がある。

（3）放課後児童支援員の資格（基準第10条第３項）

　　基準第10条第３項は、放課後児童支援員の資格要件について定めるものである。放課後児童支援員の資格は、児童福祉施設の設備及び運営に関する基準（昭和23年厚生省令第63号）第38条第２項に規定する「児童の遊びを指導する者」の資格を有する者（同項各号のいずれかに該当する者）であって、都道府県知事が行う研修を修了した者を基本としているが、具体的には、基準第10条第３項各号のいずれかに該当する者であって、都道府県知事が行う研修を修了したものとする。なお、「都道府県知事が行う研修」については、本年夏頃を目途に別途お示しする予定である。

　　同項第９号については、児童福祉施設の設備及び運営に関する基準第38条第２項各号では定められていないが、放課後児童健全育成事業が児童と継続的に関わる事業であることに鑑み、資格要件の一つとして設けたものである。この「放課後児童健全育成事業に類似する事業に従事した者」とは、放課後子供教室に継続的に従事していた者など、遊びを通じて児童と継続的な関わりを持った経験のある者をいうものである。

（4）支援の単位（基準第10条第４項）

　　基準第10条第２項の「支援の単位」とは、放課後児童健全育成事業における支援であって、その提供が同時に一又は複数の利用者に対して一体的に行われるものをいい、児童の集団の規模を表すものである。

　　また、一の支援の単位を構成する「児童の数」とは、放課後児童健全育成事業が毎日利用する児童と週のうち数日を利用する児童との双方が考えられる事業であることに鑑み、毎日利用する児童（継続して利用することを前提に申込みをした児童）の人数に、一時的に利用する児童（塾や習い事、保護者のパート就労等により週のうち数

日を利用することを前提に申込みをした児童）の平均利用人数を加えた数をいうものである。

なお、ここでの「平均利用人数」は、登録時の利用希望日数を基に算出する。

（5）職員の考え方（基準第10条第5項）

基準第10条第5項の「支援の単位ごとに専ら当該支援の提供に当たる者でなければならない」とは、原則として、支援の提供時間帯を通じて他の職務に従事しないことをいう。

同項の「利用者の支援に支障がない場合は、この限りでない」とは、例えば、利用者が20人未満の小規模の事業所について、最低1人の放課後児童支援員が専任であって、その1人を除く放課後児童支援員又は補助者（以下「放課後児童支援員等」という。）が同一敷地内にある他の事業所、施設等の業務と兼務しており、当該職員が利用者の安全管理等を行うことができる環境にある場合が考えられる。

また、放課後子供教室など、全ての児童を対象にした事業等と一体的に実施する場合についても、放課後児童支援員等は利用者の支援を行うものであるため、例えば、放課後子供教室と一体的に実施する場合には、当然、放課後子供教室のプログラムの実施や安全管理等を行う人材が必要となるものであり、放課後児童支援員等が放課後子供教室に従事する者の代替となることは認められない。

ただし、一体的に事業を実施する場合には、利用者が利用者以外の児童と共に遊びや生活の時間を過ごすことが望ましいことから、上記のとおり、両事業において適切な人数の職員が配置されている場合に、放課後子供教室等に従事する者と協力し、放課後児童支援員等が利用者以外の児童の安全管理等を合わせて行うことを妨げるものではない。

4　運営に関する基準

（1）利用者を平等に取り扱う原則（基準第11条）

基準第11条は、事業者に対し、利用者の国籍、信条又は社会的身分によって、差別的な取扱いをすることを禁止するものである。

（2）虐待等の禁止（基準第12条）

基準第12条は、事業者の職員に対し、利用者に対して法第33条の10各号に掲げる行為その他当該利用者の心身に有害な影響を与える行為を禁止するものである。

（参考）児童福祉法第33条の10

第33条の10　この法律で、被措置児童等虐待とは、小規模住居型児童養育事業に従事する者、里親若しくはその同居人、乳児院、児童養護施設、障害児入所施設、情緒障害児短期治療

施設若しくは児童自立支援施設の長、その職員その他の従業者、指定医療機関の管理者その他の従業者、第12条の4に規定する児童を一時保護する施設を設けている児童相談所の所長、当該施設の職員その他の従業者又は第33条第1項若しくは第2項の委託を受けて児童に一時保護を加える業務に従事する者（以下「施設職員等」と総称する。）が、委託された児童、入所する児童又は一時保護を加え、若しくは加えることを委託された児童（以下「被措置児童等」という。）について行う次に掲げる行為をいう。
一　被措置児童等の身体に外傷が生じ、又は生じるおそれのある暴行を加えること。
二　被措置児童等にわいせつな行為をすること又は被措置児童等をしてわいせつな行為をさせること。
三　被措置児童等の心身の正常な発達を妨げるような著しい減食又は長時間の放置、同居人若しくは生活を共にする他の児童による前二号又は次号に掲げる行為の放置その他の施設職員等としての養育又は業務を著しく怠ること。
四　被措置児童等に対する著しい暴言又は著しく拒絶的な対応その他の被措置児童等に著しい心理的外傷を与える言動を行うこと。

（3）衛生管理等（基準第13条）
①　基準第13条第1項は、事業者は、利用者の使用する設備、食器等又は飲用に供する水について、衛生的な管理に努め、又は衛生上必要な措置を講じなければならないとするものである。
②　同条第2項は、事業者は、事業所において感染症又は食中毒が発生し、又はまん延しないように必要な措置を講ずるよう努めなければならないとするものである。
③　同条第3項は、事業所には、必要な医薬品その他の医療品を備えるとともに、それらの管理を適切に行わなければならないとするものである。

（4）運営規程（基準第14条）
　基準第14条は、事業者は、事業所ごとに、次に掲げる事業の運営についての重要事項に関する運営規程を定めておかなければならないとするものである。これは、事業の適切な運営や利用者に対する適切な支援の提供を確保するため、同条第1号から第11号までに掲げる事項を内容とする規定を定めることを事業所ごとに義務付けたものである。
①　職員の職種、員数及び職務の内容（第2号）
　当該事業所の職員の職種（放課後児童支援員、補助員等）ごとに、員数、職務の内容を定めること。
②　支援の内容及び当該支援の提供により利用者の保護者が支払うべき額（第4号）
　「利用者の保護者が支払うべき額」には、利用料のほか、おやつ代、傷害保険料等、利用料以外にも支払うべき額がある場合には、当該額についても含まれるものである。
③　利用定員（第5号）

　　利用定員は、事業所において、同時に支援の提供を受けることができる児童の数の上限をいうものである。なお、複数の支援の単位が設置されている場合にあっては、当該支援の単位ごとに利用定員を定めること。

④　通常の事業の実施地域（第6号）

　　通常事業を実施しようとする範囲の目安を示すものであり、当該地域を越えて事業を実施することを妨げるものではない。

⑤　事業の利用に当たっての留意事項（第7号）

　　利用者が事業を利用する際に留意すべき事項（設備の利用上の留意事項等）を指すものである。

⑥　緊急時等における対応方法（第8号）

　　利用者に体調の急変が生じた場合等に、速やかに当該利用者の保護者又は医療機関への連絡を行う等の必要な措置を講じることなどが考えられる。

⑦　虐待の防止のための措置に関する事項（第10号）

　　虐待防止に関する責任者の配置等に係る必要な体制の整備、その職員に対する研修の実施等が考えられる。

⑧　その他事業の運営に関する重要事項（第11号）

　　苦情解決の体制等事業の運営に関する事項を定めておくことが望ましい。

（5）事業者が備える帳簿（基準第15条）

　　基準第15条は、事業者は、職員、財産、収支及び利用者の処遇の状況を明らかにする帳簿を整備しておかなければならないとするものである。

（6）秘密保持等（基準第16条）

①　基準第16条第1項は、事業者の職員は、正当な理由がなく、その業務上知り得た利用者又はその家族の秘密を漏らしてはならないとするものである。

②　同条第2項は、事業者は、職員であった者が、正当な理由がなく、その業務上知り得た利用者又はその家族の秘密を漏らすことがないよう、必要な措置を講じなければならないとするものである。

（7）苦情への対応（基準第17条）

①　基準第17条第1項の「窓口を設置する等の必要な措置」とは、具体的には、

　　・　苦情受付の窓口を決めること

　　・　事業所内における苦情解決のための手続を明確化すること

　　・　苦情受付窓口及び苦情解決の手続について、利用者、職員等に対して周知すること

　　等の措置をいうものである。

② 　同条第３項は、社会福祉法（昭和26年法律第45号）上、都道府県社会福祉協議会の運営適正化委員会が福祉サービスに関する苦情の解決について相談等を行うこととされていることを受けて、運営適正化委員会が行う同法第85に規定する調査にできる限り協力することとするものである。

　　なお、苦情への対応に関しては、「児童福祉施設最低基準等の一部を改正する省令の施行について」（平成12年８月22日障第615号・老発第598号・児発第707号厚生省大臣官房障害保健福祉部長・老人保健福祉局長・児童家庭局長連名通知）の内容も参考にされたい。

（８）開所時間及び日数（基準第18条）

　　基準第18条は、事業者は、

　　・　小学校の授業の休業日（土曜日、日曜日、長期休業期間等）については１日につき８時間以上、

　　・　小学校の授業の休業日以外の日（授業のある平日）については１日につき３時間以上

　　を原則として、事業所ごとに開所時間を定めることとするものである。

　　また、事業者は、１年につき250日以上を原則として、事業所ごとに開所日数を定めることとするものである。

（９）保護者との連絡（基準第19条）

　　基準第19条は、事業者は、常に利用者の保護者と密接な連絡をとり、当該利用者の健康及び行動を説明するとともに、支援の内容等につき、その保護者の理解及び協力を得るよう努めなければならないとするものである。

（10）関係機関との連携（基準第20条）

　　基準第20条は、事業者は、市町村、児童福祉施設、利用者の通学する小学校等関係機関と密接に連携して利用者の支援に当たらなければならないとするものである。

　　特に、放課後児童健全育成事業の実施に当たっては、小学校等における利用者の状況と事業所における利用者の状況について、小学校等の教職員との情報共有を図ることが重要である。このため、事業者は小学校等との間で、定期的に情報連携を図ることが望ましい。ただし、個人情報の取扱いには留意が必要である。

（11）事故発生時の対応（基準第21条）

　　基準第21条は、利用者が安心して支援の提供を受けられるよう、利用者に対する支援の提供により事故が発生した場合の対応について定めるものである。

① 同条第1項は、事業者は、利用者に対する支援の提供により事故が発生した場合は、速やかに、市町村、当該利用者の保護者等に連絡を行うとともに、必要な措置を講じなければならないとするものである。

② 同条第2項は、事業者は、利用者に対する支援の提供により賠償すべき事故が発生した場合は、損害賠償を速やかに行わなければならないとするものである。

このほか、以下の点に留意すること。

・事業者は、利用者に対する支援の提供により事故が発生した場合の対応方法をあらかじめ定めておくことが望ましいこと

・事業者は、賠償すべき事態において速やかに事業を行うため、損害賠償保険に加入しておくことが望ましいこと

・事業者は、事故が生じた際にはその原因を解明し、再発を防ぐための対策を講じることが求められること

5 経過措置（基準附則第2条）

基準附則第2条は、基準の施行の日から平成32年3月31日までの間、基準第10条第3項の規定の適用については、「都道府県知事が行う研修を修了したもの」に、平成32年3月31日までに研修を修了することを予定している者を含めるものとするものである。

第二 施行期日

基準は、子ども・子育て支援法及び就学前の子どもに関する教育、保育等の総合的な提供の推進に関する法律の一部を改正する法律の施行に伴う関係法律の整備等に関する法律（平成24年法律第67号）の施行の日から施行する。

雇児発0331第34号

平成27年3月31日

都道府県知事

各　　指定都市市長　　殿

　　　中核市市長

　　　　　　　　　　　　　厚生労働省雇用均等・児童家庭局長

　　　　　　　　　　　　　　（　公　印　省　略　）

　　　　「放課後児童クラブ運営指針」の策定について

　子ども・子育て支援施策及び子どもの健全育成の推進については、かねてより格別の御配慮をいただいているところであるが、平成24年に制定された「子ども・子育て支援法及び就学前の子どもに関する教育、保育等の総合的な提供の推進に関する法律の一部を改正する法律の施行に伴う関係法律の整備等に関する法律」（平成24年法律第67号）により改正された児童福祉法（昭和22年法律第164号）に基づき、厚生労働省においては、平成26年4月30日に「放課後児童健全育成事業の設備及び運営に関する基準」（平成26年厚生労働省令第63号。以下「省令基準」という。）を策定し、全国的な一定水準の質の確保に向けた取組をより一層進めることとしたところである。

　平成27年4月からは、省令基準を踏まえて策定される各市町村の条例に基づいて放課後児童クラブが運営されることになるため、その運営の多様性を踏まえつつ、放課後児童クラブにおいて集団の中で子どもに保障すべき遊び及び生活の環境や運営内容の水準を明確化し、事業の安定性及び継続性の確保を図っていく必要があることから、今般、「放課後児童クラブガイドライン」を見直し、別紙のとおり、事業者（運営主体）及び実践者向けの「放課後児童クラブ運営指針」（以下「運営指針」という。）を新たに策定し、国として放課後児童クラブに関する運営及び設備についてのより具体的な内容を定め、平成27年4月1日より適用することとしたので通知する。

　この新たな運営指針の策定に当たっては、

①　放課後児童クラブの運営の多様性を踏まえ、「最低基準」としてではなく、望ましい方向に導いていくための「全国的な標準仕様」としての性格を明確化する

②　子どもの視点に立ち、子どもの最善の利益を保障し、子どもにとって放課後児童クラブが安心して過ごせる生活の場となるように、放課後児童クラブが果たすべき役割を再確認し、その役割及び機能を適切に発揮できるような観点で内容を整理する

③　子どもの発達過程や家庭環境なども考慮して、異なる専門性を有して従事している放課
　　後児童支援員等が子どもとどのような視点で関わることが求められるのかという共通の認
　　識を得るために必要となる内容を充実する

との観点で策定したところであり、各市町村においては、本運営指針に基づき管内の放課後
児童クラブが適正かつ円滑に事業運営されているかを定期的に確認し、必要な指導及び助言
を行うなど、放課後児童クラブの一定水準の質の確保及びその向上が図られるよう、御尽力
いただきたい。

　また、貴職におかれては、管内の市町村及び放課後児童クラブの関係者等に周知徹底を図っ
ていただくようお願いしたい。

　なお、本通知は地方自治法（昭和22年法律第67号）第245条の４第１項の規定に基づく技
術的助言であることを申し添える。

　また、「放課後児童クラブガイドラインについて」（平成19年10月19日雇児発第1019001号）
は本通知の施行に伴い廃止する。

別紙

放課後児童クラブ運営指針

１．放課後児童クラブ運営指針の目次構成

第１章　総則
1．趣旨
2．放課後児童健全育成事業の役割
3．放課後児童クラブにおける育成支援の基本

第２章　事業の対象となる子どもの発達
1．子どもの発達と児童期
2．児童期の発達の特徴
3．児童期の発達過程と発達領域
4．児童期の遊びと発達
5．子どもの発達過程を踏まえた育成支援における配慮事項

第３章　放課後児童クラブにおける育成支援の内容
1．育成支援の内容
2．障害のある子どもへの対応
3．特に配慮を必要とする子どもへの対応
4．保護者との連携
5．育成支援に含まれる職務内容と運営に関わる業務

第４章　放課後児童クラブの運営
1．職員体制
2．子ども集団の規模（支援の単位）
3．開所時間及び開所日
4．利用の開始等に関わる留意事項
5．運営主体
6．労働環境整備
7．適正な会計管理及び情報公開

第５章　学校及び地域との関係
1．学校との連携
2．保育所、幼稚園等との連携
3．地域、関係機関との連携
4．学校、児童館を活用して実施する放課後児童クラブ

第６章　施設及び設備、衛生管理及び安全対策
1．施設及び設備
2．衛生管理及び安全対策

第７章　職場倫理及び事業内容の向上
1．放課後児童クラブの社会的責任と職場倫理
2．要望及び苦情への対応
3．事業内容向上への取り組み

2．放課後児童クラブ運営指針

第1章　総則

1．趣旨
（1）この運営指針は、放課後児童健全育成事業の設備及び運営に関する基準（平成26年厚生労働省令第63号。以下「基準」という。）に基づき、放課後児童健全育成事業を行う場所（以下「放課後児童クラブ」という。）における、子どもの健全な育成と遊び及び生活の支援（以下「育成支援」という。）の内容に関する事項及びこれに関連する事項を定める。
（2）放課後児童健全育成事業の運営主体は、この運営指針において規定される支援の内容等に係る基本的な事項を踏まえ、各放課後児童クラブの実態に応じて創意工夫を図り、放課後児童クラブの質の向上と機能の充実に努めなければならない。

2．放課後児童健全育成事業の役割
（1）放課後児童健全育成事業は、児童福祉法（昭和22年法律第164号。以下「法」という。）第6条の3第2項に基づき、小学校（以下「学校」という。）に就学している子ども（特別支援学校の小学部の子どもを含む。以下同じ。）であって、その保護者が労働等により昼間家庭にいないものに、授業の終了後（以下「放課後」という。）に児童厚生施設等の施設を利用して適切な遊び及び生活の場を与え、子どもの状況や発達段階を踏まえながら、その健全な育成を図る事業である。
（2）放課後児童健全育成事業の運営主体及び放課後児童クラブは、児童の権利に関する条約の理念に基づき、子どもの最善の利益を考慮して育成支援を推進することに努めなければならない。
（3）放課後児童健全育成事業の運営主体及び放課後児童クラブは、学校や地域の様々な社会資源との連携を図りながら、保護者と連携して育成支援を行うとともに、その家庭の子育てを支援する役割を担う。

3．放課後児童クラブにおける育成支援の基本
（1）放課後児童クラブにおける育成支援
　　放課後児童クラブにおける育成支援は、子どもが安心して過ごせる生活の場としてふさわしい環境を整え、安全面に配慮しながら子どもが自ら危険を回避できるようにしていくとともに、子どもの発達段階に応じた主体的な遊びや生活が可能となるように、自主性、社会性及び創造性の向上、基本的な生活習慣の確立等により、子どもの健全な育成を図ることを目的とする。

（2）保護者及び関係機関との連携

　　放課後児童クラブは、常に保護者と密接な連携をとり、放課後児童クラブにおける子どもの様子を日常的に保護者に伝え、子どもに関する情報を家庭と放課後児童クラブで共有することにより、保護者が安心して子どもを育て、子育てと仕事等を両立できるように支援することが必要である。また、子ども自身への支援と同時に、学校等の関係機関と連携することにより、子どもの生活の基盤である家庭での養育を支援することも必要である。

（3）放課後児童支援員等の役割

　　放課後児童支援員は、豊かな人間性と倫理観を備え、常に自己研鑽に励みながら必要な知識及び技能をもって育成支援に当たる役割を担うとともに、関係機関と連携して子どもにとって適切な養育環境が得られるよう支援する役割を担う必要がある。また、放課後児童支援員が行う育成支援について補助する補助員も、放課後児童支援員と共に同様の役割を担うよう努めることが求められる。

（4）放課後児童クラブの社会的責任

　①　放課後児童クラブは、子どもの人権に十分に配慮するとともに、子ども一人ひとりの人格を尊重して育成支援を行い、子どもに影響のある事柄に関して子どもが意見を述べ、参加することを保障する必要がある。

　②　放課後児童クラブの運営主体は、放課後児童支援員及び補助員（以下「放課後児童支援員等」という。）に対し、その資質の向上のために職場内外の研修の機会を確保しなければならない。

　③　放課後児童支援員等は、常に自己研鑽に励み、子どもの育成支援の充実を図るために、必要な知識及び技能の修得、維持及び向上に努めなければならない。

　④　放課後児童クラブの運営主体は、地域社会との交流や連携を図り、保護者や地域社会に当該放課後児童クラブが行う育成支援の内容を適切に説明するよう努めなければならない。

　⑤　放課後児童クラブ及び放課後児童クラブの運営主体は、子どもの利益に反しない限りにおいて、子どもや保護者のプライバシーの保護、業務上知り得た事柄の秘密保持に留意しなければならない。

　⑥　放課後児童クラブ及び放課後児童クラブの運営主体は、子どもや保護者の苦情等に対して迅速かつ適切に対応して、その解決を図るよう努めなければならない。

第2章　事業の対象となる子どもの発達

　放課後児童クラブでは、放課後等に子どもの発達段階に応じた主体的な遊びや生活が可能

となるようにすることが求められる。このため、放課後児童支援員等は、子どもの発達の特徴や発達過程を理解し、発達の個人差を踏まえて一人ひとりの心身の状態を把握しながら育成支援を行うことが必要である。

1．子どもの発達と児童期
　　6歳から12歳は、子どもの発達の時期区分において幼児期と思春期・青年期との間にあり、児童期と呼ばれる。
　　児童期の子どもは、学校、放課後、家庭のサイクルを基本とした生活となる。
　　学校において基礎学力が形成されることに伴い、知的能力や言語能力、規範意識等が発達する。また、身長や体重の増加に伴って体力が向上し、遊びも活発化する。
　　社会性の発達に伴い、様々な仲間集団が形成されるなど、子ども同士の関わりも変化する。さらに、想像力や思考力が豊かになることによって遊びが多様化し、創意工夫が加わった遊びを創造できるようになる。
　　児童期には、幼児期の発達的特徴を残しつつ、思春期・青年期の発達的特徴の芽生えが見られる。子どもの発達は、行きつ戻りつの繰り返しを経ながら進行していく。
　　子どもは、家庭や学校、地域社会の中で育まれる。大人との安定した信頼関係のもとで、「学習」、「遊び」等の活動、十分な「休息」、「睡眠」、「食事」等が保障されることによって、子どもは安心して生活し育つことができる。

2．児童期の発達の特徴
　　児童期の発達には、主に次のような特徴がある。
　○　ものや人に対する興味が広がり、その興味を持続させ、興味の探求のために自らを律することができるようになる。
　○　自然や文化と関わりながら、身体的技能を磨き、認識能力を発達させる。
　○　学校や放課後児童クラブ、地域等、子どもが関わる環境が広がり、多様な他者との関わりを経験するようになる。
　○　集団や仲間で活動する機会が増え、その中で規律と個性を培うとともに、他者と自己の多様な側面を発見できるようになる。
　○　発達に応じて「親からの自立と親への依存」、「自信と不安」、「善悪と損得」、「具体的思考と抽象的思考」等、様々な心理的葛藤を経験する。

3．児童期の発達過程と発達領域
　　児童期には、特有の行動が出現するが、その年齢は固定的なものではなく、個人差も大きい。目安として、おおむね6歳〜8歳（低学年）、9歳〜10歳（中学年）、11歳〜12歳（高学年）の3つの時期に区分することができる。なお、この区分は、同年齢の子どもの均一

的な発達の基準ではなく、一人ひとりの子どもの発達過程を理解する目安として捉えるべきものである。

（1）おおむね6歳～8歳

　　子どもは学校生活の中で、読み書きや計算の基本的技能を習得し、日常生活に必要な概念を学習し、係や当番等の社会的役割を担う中で、自らの成長を自覚していく。一方で、同時にまだ解決できない課題にも直面し、他者と自己とを比較し、葛藤も経験する。

　　遊び自体の楽しさの一致によって群れ集う集団構成が変化し、そこから仲間関係や友達関係に発展することがある。ただし、遊びへの参加がその時の気分に大きく影響されるなど、幼児的な発達の特徴も残している。

　　ものや人に対する興味が広がり、遊びの種類も多様になっていき、好奇心や興味が先に立って行動することが多い。

　　大人に見守られることで、努力し、課題を達成し、自信を深めていくことができる。その後の時期と比べると、大人の評価に依存した時期である。

（2）おおむね9歳～10歳

　　論理的な思考や抽象的な言語を用いた思考が始まる。道徳的な判断も、結果だけに注目するのではなく、動機を考慮し始める。また、お金の役割等の社会の仕組みについても理解し始める。

　　遊びに必要な身体的技能がより高まる。

　　同年代の集団や仲間を好み、大人に頼らずに活動しようとする。他者の視線や評価に一層敏感になる。

　　言語や思考、人格等の子どもの発達諸領域における質的変化として表れる「9、10歳の節」と呼ばれる大きな変化を伴っており、特有の内面的な葛藤がもたらされる。この時期に自己の多様な可能性を確信することは、発達上重要なことである。

（3）おおむね11歳～12歳

　　学校内外の生活を通じて、様々な知識が広がっていく。また、自らの得意不得意を知るようになる。

　　日常生活に必要な様々な概念を理解し、ある程度、計画性のある生活を営めるようになる。

　　大人から一層自立的になり、少人数の仲間で「秘密の世界」を共有する。友情が芽生え、個人的な関係を大切にするようになる。

　　身体面において第2次性徴が見られ、思春期・青年期の発達的特徴が芽生える。しかし、性的発達には個人差が大きく、身体的発育に心理的発達が伴わない場合もある。

4．児童期の遊びと発達

　　放課後児童クラブでは、休息、遊び、自主的な学習、おやつ、文化的行事等の取り組み

や、基本的な生活に関すること等、生活全般に関わることが行われる。その中でも、遊び
は、自発的、自主的に行われるものであり、子どもにとって認識や感情、主体性等の諸能
力が統合化される他に代えがたい不可欠な活動である。

　子どもは遊びの中で、他者と自己の多様な側面を発見できるようになる。そして、遊び
を通じて、他者との共通性と自身の個性とに気付いていく。

　児童期になると、子どもが関わる環境が急速に拡大する。関わる人々や遊びの種類も多
様になり、活動範囲が広がる。また、集団での遊びを継続することもできるようになって
いく。その中で、子どもは自身の欲求と相手の欲求を同時に成立させるすべを見いだし、
順番を待つこと、我慢すること、約束を守ることや平等の意味等を身に付け、協力するこ
とや競い合うことを通じて自分自身の力を伸ばしていく。

　子どもは、遊びを通じて成功や失敗の経験を積み重ねていく。子どもが遊びに自発的に
参加し、遊びの楽しさを仲間の間で共有していくためには、大人の援助が必要なこともあ
る。

5．子どもの発達過程を踏まえた育成支援における配慮事項
　放課後児童支援員等は、子どもの発達過程を踏まえ、次に示す事項に配慮して子ども一
人ひとりの心身の状態を把握しながら、集団の中での子ども同士の関わりを大切にして育
成支援を行うことが求められる。
（1）おおむね6歳〜8歳の子どもへの配慮
　　○　幼児期の発達的特徴も見られる時期であることを考慮する。
　　○　放課後児童支援員等が身近にいて、子どもが安心して頼ることのできる存在になれ
　　　るように心掛ける。
　　○　子どもは遊びに夢中になると時間や場所を忘れることがある。安全や健康を管理す
　　　るために子どもの時間と場所に関する意識にも目を届かせるようにする。
（2）おおむね9歳〜10歳の子どもへの配慮
　　○　「9、10歳の節」と呼ばれる発達諸領域における質的変化を伴うことを考慮して、
　　　子どもの意識や感情の変化を適切に捉えるように心掛ける。
　　○　同年代の仲間との関わりを好み、大人に頼らず活動しようとする、他の子どもの視
　　　線や評価に敏感になるなど、大人に対する見方や自己と他者への意識や感情の発達的
　　　特徴の理解に基づいた関わりをする。
（3）おおむね11歳〜12歳の子どもへの配慮
　　○　大人から一層自立的になるとともに、子ども同士の個人的な関係を大切にするよう
　　　になるなどの発達的特徴を理解することに努め、信頼に基づく関わりを心掛ける。
　　○　ある程度、計画性のある生活を営めるようになる時期であることを尊重し、子ども
　　　自身が主体的な遊びや生活ができるような関係を大切にする。

○　思春期・青年期の発達的特徴が芽生えることを考慮し、性的発達を伴う身体的発育
　　　と心理的発達の変化について理解し、適切な対応をする。
（４）遊びと生活における関わりへの配慮
　　　子どもの遊びへの関わりは、安全の確保のような間接的なものから、大人が自ら遊び
　　を楽しむ姿を見せるというような直接的なものまで、子どもの発達や状況に応じた柔軟
　　なものであることが求められる。また、その時々の子どもの体調や気分によって、遊び
　　の選択や子ども同士の関わり方が異なることを理解することも必要である。
　　　子どもは時に大人の指示を拒んだり、反抗的に見える態度をとったりすることもある。
　　子どもの言動の背景を理解することが求められる。
　　　子どもが放課後児童クラブの中でお互いの役割を理解し合って生活していくために
　　は、子ども同士の中での自律的な関係を認めつつ、一人ひとりの意識や発達の状況にも
　　十分に配慮する必要がある。

第３章　放課後児童クラブにおける育成支援の内容

１．育成支援の内容
（１）放課後児童クラブに通う子どもは、保護者が労働あるいは疾病や介護等により授業の
　　　終了後の時間帯（放課後、学校休業日）に子どもの養育ができない状況によって、放課
　　　後児童クラブに通うことが必要となっているため、その期間を子どもが自ら進んで通い
　　　続けるためには、放課後児童支援員等が保護者と連携して育成支援を行う必要がある。
（２）放課後児童クラブは、年齢や発達の状況が異なる多様な子ども達が一緒に過ごす場で
　　　ある。放課後児童支援員等には、それぞれの子どもの発達の特徴や子ども同士の関係を
　　　捉えながら適切に関わることで、子どもが安心して過ごせるようにし、一人ひとりと集
　　　団全体の生活を豊かにすることが求められる。
（３）子どもの発達や養育環境の状況等を把握し、子どもが発達面や養育環境等で固有の援
　　　助を必要としている場合には、その援助を適切に行う必要がある。
（４）子どもにとって放課後児童クラブが安心して過ごせる生活の場であり、放課後児童支
　　　援員等が信頼できる存在であることを前提として、放課後児童クラブにおける育成支援
　　　には、主に次のような内容が求められる。
　　　①　子どもが自ら進んで放課後児童クラブに通い続けられるように援助する。
　　　　・　放課後児童クラブに通うことについて、その必要性を子どもが理解できるように
　　　　　援助する。
　　　　・　放課後児童支援員等は、子どもの様子を日常的に保護者に伝え、放課後児童支援
　　　　　員等と保護者がお互いに子どもの様子を伝え合えるようにする。

- ・　子どもが放課後児童クラブに通うことに関して、学校と情報交換し、連携する。
- ・　子どもの遊びや生活の環境及び帰宅時の安全等について、地域の人々の理解と協力が得られるようにする。
② 子どもの出欠席と心身の状態を把握して、適切に援助する。
- ・　子どもの出欠席についてあらかじめ保護者からの連絡を確認しておくとともに、連絡なく欠席したり来所が遅れたりした子どもについては速やかに状況を把握して適切に対応する。
- ・　子どもの来所時には、子どもが安心できるように迎え入れ、子ども一人ひとりの心身の状態を把握する。
- ・　遊びや生活の場面における子どもの状況や体調、情緒等を把握し、静養や気分転換が必要な時には適切に対応する。なお、病気やケガの場合は、速やかに保護者と連絡をとる。
③ 子ども自身が見通しを持って主体的に過ごせるようにする。
- ・　子どもが放課後児童クラブでの過ごし方について理解できるようにし、主体的に生活できるように援助する。
- ・　放課後児童支援員等は、子ども全体に共通する生活時間の区切りをつくり、柔軟に活用して子どもが放課後の時間を自己管理できるように援助する。
- ・　放課後児童クラブにおける過ごし方や生活時間の区切り等は、保護者にも伝えて理解を得ておく。
④ 放課後児童クラブでの生活を通して、日常生活に必要となる基本的な生活習慣を習得できるようにする。
- ・　手洗いやうがい、持ち物の管理や整理整頓、活動に応じた衣服の着脱等の基本的な生活習慣が身に付くように援助する。
- ・　子ども達が集団で過ごすという特性を踏まえて、一緒に過ごす上で求められる協力及び分担や決まりごと等を理解できるようにする。
⑤ 子どもが発達段階に応じた主体的な遊びや生活ができるようにする。
- ・　子ども達が協力し合って放課後児童クラブの生活を維持していくことができるようにする。その際、年齢や発達の状況が異なる子ども達が一緒に生活していることを考慮する。
- ・　子どもが仲間関係をつくりながら、自発的に遊びをつくり出すことができるようにする。
- ・　遊びや生活の中で生じる意見の対立やけんかなどについては、お互いの考え方の違いに気付くこと、葛藤の調整や感情の高ぶりを和らげること等ができるように、適切に援助する。
- ・　子どもの間でいじめ等の関係が生じないように配慮するとともに、万一そのよう

な問題が起きた時には早期対応に努め、放課後児童支援員等が協力して適切に対応する。

- 屋内外ともに子どもが過ごす空間や時間に配慮し、発達段階にふさわしい遊びと生活の環境をつくる。その際、製作活動や伝承遊び、地域の文化にふれる体験等の多様な活動や遊びを工夫することも考慮する。
- 子どもが宿題、自習等の学習活動を自主的に行える環境を整え、必要な援助を行う。
- 放課後児童クラブの子ども達が地域の子ども達と一緒に遊んだり活動したりする機会を設ける。
- 地域での遊びの環境づくりへの支援も視野に入れ、必要に応じて保護者や地域住民が協力しながら活動に関わることができるようにする。

⑥ 子どもが自分の気持ちや意見を表現することができるように援助し、放課後児童クラブの生活に主体的に関わることができるようにする。

- 子ども一人ひとりの放課後児童クラブでの生活状況を把握しながら、子どもの情緒や子ども同士の関係にも配慮し、子どもの意見を尊重する。
- 子どもが放課後児童支援員等に悩みや相談事も話せるような信頼関係を築く。
- 行事等の活動では、企画の段階から子どもの意見を反映させる機会を設けるなど、様々な発達の過程にある子どもがそれぞれに主体的に運営に関わることができるように工夫する。

⑦ 子どもにとって放課後の時間帯に栄養面や活力面から必要とされるおやつを適切に提供する。

- 発達過程にある子どもの成長にあわせて、放課後の時間帯に必要とされる栄養面や活力面を考慮して、おやつを適切に提供する。おやつの提供に当たっては、補食としての役割もあることから、昼食と夕食の時間帯等を考慮して提供時間や内容、量等を工夫する。
- おやつの提供に際しては、安全及び衛生に考慮するとともに、子どもが落ちついて食を楽しめるようにする。
- 食物アレルギーのある子どもについては、配慮すべきことや緊急時の対応等について事前に保護者と丁寧に連絡を取り合い、安全に配慮して提供する。

⑧ 子どもが安全に安心して過ごすことができるように環境を整備するとともに、緊急時に適切な対応ができるようにする。

- 子どもが自分で避けることのできない危険に遭遇しないように、遊びと生活の環境について安全点検と環境整備を行う。
- 子どもが危険に気付いて判断したり、事故等に遭遇した際に被害を最小限にしたりするための安全に関する自己管理能力を身に付けられるように援助する。

- ・ 事故やケガ、災害等の緊急時に子どもの安全が守られるように、対応方針を作成して定期的に訓練を行う。
- ⑨ 放課後児童クラブでの子どもの様子を日常的に保護者に伝え、家庭と連携して育成支援を行う。
  - ・ 放課後児童クラブにおける子どもの様子を日常的に保護者に伝える。
  - ・ 子どもに関する情報を家庭と放課後児童クラブで共有することにより、保護者が安心して子育てと仕事等を両立できるように支援する。

2．障害のある子どもへの対応
（1）障害のある子どもの受入れの考え方
　　○ 障害のある子どもについては、地域社会で生活する平等の権利の享受と、包容・参加（インクルージョン）の考え方に立ち、子ども同士が生活を通して共に成長できるよう、障害のある子どもも放課後児童クラブを利用する機会が確保されるための適切な配慮及び環境整備を行い、可能な限り受入れに努める。
　　○ 放課後児童クラブによっては、新たな環境整備が必要となる場合なども考えられるため、受入れの判断については、子ども本人及び保護者の立場に立ち、公平性を保って行われるように判断の基準や手続等を定めることが求められる。
　　○ 障害のある子どもの受入れに当たっては、子どもや保護者と面談の機会を持つなどして、子どもの健康状態、発達の状況、家庭の状況、保護者の意向等を個別に把握する。
　　○ 地域社会における障害のある子どもの放課後の生活が保障されるように、放課後等デイサービス等と連携及び協力を図る。その際、放課後等デイサービスと併行利用している場合には、放課後等デイサービス事業所と十分な連携を図り、協力できるような体制づくりを進めていくことが求められる。
（2）障害のある子どもの育成支援に当たっての留意点
　　○ 障害のある子どもが、放課後児童クラブでの子ども達との生活を通して共に成長できるように、見通しを持って計画的な育成支援を行う。
　　○ 継続的な育成支援を行うために、障害のある子ども一人ひとりについて放課後児童クラブでの状況や育成支援の内容を記録する。
　　○ 障害のある子どもの育成支援についての事例検討を行い、研修等を通じて、障害について理解する。
　　○ 障害のある子どもの特性を踏まえた育成支援の向上のために、地域の障害児関係の専門機関等と連携して、相談できる体制をつくる。その際、保育所等訪問支援、障害児等療育支援事業や巡回支援専門員整備事業の活用等も考慮する。
　　○ 障害のある子どもの育成支援が適切に図られるように、個々の子どもの状況に応じて環境に配慮するとともに、職員配置、施設や設備の改善等についても工夫する。

○　障害者虐待の防止、障害者の養護者に対する支援等に関する法律（平成23年法律第
79号）の理念に基づいて、障害のある子どもへの虐待の防止に努めるとともに、防止
に向けての措置を講ずる。

3．特に配慮を必要とする子どもへの対応
（1）児童虐待への対応
　　　○　放課後児童支援員等は、児童虐待の防止等に関する法律（平成12年法律第82号）に
基づき児童虐待の早期発見の努力義務が課されていることを踏まえ、子どもの状態や
家庭の状況の把握により、保護者に不適切な養育等が疑われる場合には、市町村（特
別区を含む。以下同じ。）や関係機関と連携し、法第25条の2第1項に規定する要保
護児童対策地域協議会で協議するなど、適切に対応することが求められる。
　　　○　児童虐待が疑われる場合には、放課後児童支援員等は各自の判断だけで対応するこ
とは避け、放課後児童クラブの運営主体の責任者と協議の上で、市町村又は児童相談
所に速やかに通告し、関係機関と連携して放課後児童クラブとして適切な対応を図ら
なければならない。
（2）特別の支援を必要とする子どもへの対応
　　　○　放課後児童支援員等は、子どもの家庭環境についても配慮し、家庭での養育につい
て特別の支援が必要な状況を把握した場合には、子どもと保護者の安定した関係の維
持に留意しつつ、市町村や関係機関と連携して適切な支援につなげるように努める。
　　　○　放課後児童クラブでの生活に特に配慮を必要とする子どもの支援に当たっては、保
護者、市町村、関係機関と情報交換を行い、連携して適切な育成支援に努める。
（3）特に配慮を必要とする子どもへの対応に当たっての留意事項
　　　○　特に配慮を必要とする子どもへの対応に当たっては、子どもの利益に反しない限り
において、保護者や子どものプライバシーの保護、業務上知り得た事柄の秘密保持に
留意する。

4．保護者との連携
（1）保護者との連絡
　　　○　子どもの出欠席についてあらかじめ保護者からの連絡を確認しておく。
　　　○　放課後児童クラブにおける子どもの遊びや生活の様子を日常的に保護者に伝え、子
どもの状況について家庭と放課後児童クラブで情報を共有する。
　　　○　保護者への連絡については、連絡帳を効果的に活用することが必要である。その他、
保護者の迎えの際の直接の連絡、通信、保護者会、個人面談等の様々な方法を有効に
活用する。
（2）保護者からの相談への対応

　　○　放課後児童支援員等は、育成支援を通じて保護者との信頼関係を築くことに努める
　　　とともに、子育てのこと等について保護者が相談しやすい雰囲気づくりを心掛ける。
　　○　保護者から相談がある場合には、保護者の気持ちを受け止め、相互の信頼関係を基
　　　本に保護者の自己決定を尊重して対応する。また、必要に応じて市町村や関係機関と
　　　連携する。
（3）保護者及び保護者組織との連携
　　○　放課後児童クラブの活動を保護者に伝えて理解を得られるようにするとともに、保
　　　護者が活動や行事に参加する機会を設けるなどして、保護者との協力関係をつくる。
　　○　保護者組織と連携して、保護者が互いに協力して子育ての責任を果たせるように支
　　　援する。

5．育成支援に含まれる職務内容と運営に関わる業務
（1）育成支援に含まれる職務内容
　　　放課後児童クラブにおける育成支援に係る職務内容には、次の事項が含まれる。
　　○　子どもが放課後児童クラブでの生活に見通しを持てるように、育成支援の目標や計
　　　画を作成し、保護者と共通の理解を得られるようにする。
　　○　日々の子どもの状況や育成支援の内容を記録する。
　　○　職場内で情報を共有し事例検討を行って、育成支援の内容の充実、改善に努める。
　　○　通信や保護者会等を通して、放課後児童クラブでの子どもの様子や育成支援に当
　　　たって必要な事項を、定期的かつ同時にすべての家庭に伝える。
（2）運営に関わる業務
　　　放課後児童クラブの運営に関わる業務として、次の取り組みも必要とされる。
　　・　業務の実施状況に関する日誌（子どもの出欠席、職員の服務に関する状況等）
　　・　運営に関する会議や打合せ、申合せや引継ぎ
　　・　おやつの発注、購入等
　　・　遊びの環境と施設の安全点検、衛生管理、清掃や整理整頓
　　・　保護者との連絡調整
　　・　学校との連絡調整
　　・　地域の関係機関、団体との連絡調整
　　・　会計事務
　　・　その他、事業運営に関する記録

第4章　放課後児童クラブの運営

1．職員体制
（1）放課後児童クラブには、年齢や発達の状況が異なる子どもを同時にかつ継続的に育成
　　支援を行う必要があること、安全面での管理が必要であること等から、支援の単位ごと
　　に2人以上の放課後児童支援員（基準第10条第3項各号のいずれかに該当する者であっ
　　て、都道府県知事が行う研修を修了したもの）を置かなければならない。ただし、その
　　うち1人は、補助員（放課後児童支援員が行う支援について放課後児童支援員を補助す
　　る者）に代えることができる。
（2）放課後児童支援員等は、支援の単位ごとに育成支援を行わなければならない。なお、
　　放課後児童クラブを利用する子どもが20人未満の場合で、放課後児童支援員のうち1人
　　を除いた者又は補助員が同一敷地内にある他の事業所、施設等の職務に従事している場
　　合等は、この限りではない。
（3）子どもとの安定的、継続的な関わりが重要であるため、放課後児童支援員の雇用に当
　　たっては、長期的に安定した形態とすることが求められる。
（4）放課後児童支援員等の勤務時間については、子どもの受入れ準備や打合せ、育成支援
　　の記録作成等、開所時間の前後に必要となる時間を前提として設定されることが求めら
　　れる。

2．子ども集団の規模（支援の単位）
（1）放課後児童クラブの適切な生活環境と育成支援の内容が確保されるように、施設設備、
　　職員体制等の状況を総合的に勘案し、適正な子ども数の規模の範囲で運営することが必
　　要である。
（2）子ども集団の規模（支援の単位）は、子どもが相互に関係性を構築したり、1つの集
　　団としてまとまりをもって共に生活したり、放課後児童支援員等が個々の子どもと信頼
　　関係を築いたりできる規模として、おおむね40人以下とする。

3．開所時間及び開所日
（1）開所時間及び開所日については、保護者の就労時間、学校の授業の終了時刻その他の
　　地域の実情等を考慮して、当該放課後児童クラブごとに設定する。
（2）開所時間については、学校の授業の休業日は1日につき8時間以上、学校の授業の休
　　業日以外の日は1日につき3時間以上の開所を原則とする。なお、子どもの健全育成上
　　の観点にも配慮した開所時間の設定が求められる。
（3）開所する日数については、1年につき250日以上を原則として、保護者の就労日数、
　　学校の授業の休業日その他の地域の実情等を考慮して、当該放課後児童クラブごとに設

定する。

（4）新1年生については、保育所との連続性を考慮し、4月1日より受け入れを可能にする必要がある。

4．利用の開始等に関わる留意事項

（1）放課後児童クラブの運営主体は、放課後児童クラブの利用の募集に当たり、適切な時期に様々な機会を活用して広く周知を図ることが必要である。その際には、利用に当たっての留意事項の明文化、入所承認の方法の公平性の担保等に努める必要がある。

（2）放課後児童クラブの利用を希望する保護者等に対しては、必要な情報を提供することが求められる。

（3）利用の開始に当たっては、説明会等を開催し、利用に際しての決まり等について説明することが求められる。

（4）特に新1年生の環境変化に配慮して、利用の開始の前に、子どもや家庭の状況、保護者のニーズ及び放課後児童クラブでの過ごし方について十分に保護者等と情報交換することが求められる。

（5）子どもが放課後児童クラブを退所する場合には、その子どもの生活の連続性や家庭の状況に配慮し、保護者等からの相談に応じて適切な支援への引き継ぎを行う。

5．運営主体

（1）放課後児童健全育成事業は、市町村が行うこととし、放課後児童クラブの運営については、育成支援の継続性という観点からも、安定した経営基盤と運営体制を有し、子どもの健全育成や地域の実情についての理解を十分に有する主体が、継続的、安定的に運営することが求められる。

（2）放課後児童クラブの運営主体は、次の点に留意して運営する必要がある。

　　　○　子どもの人権に十分配慮するとともに、一人ひとりの人格を尊重して、その運営を行う。

　　　○　地域社会との交流及び連携を図り、子どもの保護者及び地域社会に対し、放課後児童クラブの運営の内容を適切に説明するように努める。

　　　○　放課後児童クラブの運営の内容について、自ら評価を行い、その結果を公表するように努める。

　　　○　子どもや保護者の国籍、信条又は社会的身分による差別的な扱いをしない。

　　　○　放課後児童クラブごとに事業の運営についての重要事項（①事業の目的及び運営の方針、②職員の職種、員数及び職務の内容、③開所時間及び開所日、④育成支援の内容及び利用料、⑤定員、⑥事業の実施地域、⑦事業の利用に当たっての留意事項、⑧緊急時等における対応方法、⑨非常災害対策、⑩虐待の防止のための措置に関する事

項、⑪その他事業の運営に関する重要事項）に関する運営規程を定め、また、職員、財産、収支及び利用者の処遇の状況を明らかにする帳簿を整備する。

○ 放課後児童クラブの運営主体に変更が生じる場合には、育成支援の継続性が保障され、子どもへの影響が最小限に抑えられるように努めるとともに、保護者の理解が得られるように努める必要がある。

6．労働環境整備
（1）放課後児童クラブの運営主体は、放課後児童支援員等の労働実態や意向を把握し、放課後児童支援員等が健康で意欲を持って就業できるように、労働環境の整備に努める必要がある。
（2）放課後児童支援員等の健康管理や放課後児童クラブとしての衛生管理の観点から、健康診断等の実施が必要である。
（3）放課後児童支援員等が、業務中あるいは通勤途上で災害等にあった場合の補償を行うため、事業主として労災保険に加入しておくことが必要である。また、必要に応じて厚生保険や雇用保険にも加入しておくことが求められる。

7．適正な会計管理及び情報公開
（1）利用料等の徴収、管理及び執行に当たっては、定期的な検査や決算報告を行い、適正な会計管理を行うことが必要である。
（2）社会福祉法（昭和26年法律第45号）第75条第1項の規定に基づき、福祉サービスを利用しようとする者が適切かつ円滑にこれを利用できるように、社会福祉事業を運営する事業者には、事業の内容に関する情報の提供についての努力義務が課せられている。このため、放課後児童クラブの運営主体は、会計処理や運営状況について、保護者や地域社会に対して情報公開することが求められる。

第5章　学校及び地域との関係

1．学校との連携
（1）子どもの生活の連続性を保障するために、情報交換や情報共有、職員同士の交流等によって学校との連携を積極的に図る。
（2）学校との情報交換や情報共有は日常的、定期的に行い、その実施に当たっては、個人情報の保護や秘密の保持についてあらかじめ取り決めておく。
（3）子どもの遊びと生活の場を広げるために、学校の校庭、体育館や余裕教室等を利用できるように連携を図る。

２．保育所、幼稚園等との連携

（１）新１年生については、子どもの発達と生活の連続性を保障するために、保育所、幼稚園等と子どもの状況について情報交換や情報共有を行う。

（２）保育所、幼稚園等との子ども同士の交流、職員同士の交流等を行う。

３．地域、関係機関との連携

（１）放課後児童クラブに通う子どもの生活について地域の協力が得られるように、自治会・町内会や民生委員・児童委員（主任児童委員）等の地域組織や子どもに関わる関係機関等と情報交換や情報共有、相互交流を図る。

（２）地域住民の理解を得ながら、地域の子どもの健全育成の拠点である児童館やその他地域の公共施設等を積極的に活用し、放課後児童クラブの子どもの活動と交流の場を広げる。

（３）事故、犯罪、災害等から子どもを守るため、地域住民と連携、協力して子どもの安全を確保する取り組みを行う。

（４）子どもの病気やケガ、事故等に備えて、日常から地域の保健医療機関等と連携を図る。

４．学校、児童館を活用して実施する放課後児童クラブ

（１）学校施設を活用して実施する放課後児童クラブ

　　○　学校施設を活用する場合には、放課後児童クラブの運営主体が責任をもって管理運営に当たるとともに、施設の使用に当たって学校や関係者の協力が得られるように努める。

　　○　「放課後子ども総合プラン」に基づき、放課後子供教室と一体的に実施する場合は、放課後児童クラブに通う子どもの生活の場としての機能を十分に担保し、育成支援の環境に配慮する。なお、放課後子供教室への参加に当たっては、体調や帰宅時刻等の理由から参加できない子どもがいることも考慮する。

　　○　放課後子供教室の企画内容や準備等について、円滑な協力ができるように放課後子供教室との打合せを定期的に行い、学校区ごとに設置する協議会に参加するなど関係者間の連携を図る。

（２）児童館を活用して実施する放課後児童クラブ

　　○　児童館の中で放課後児童クラブを実施する場合は、放課後児童クラブに通う子どもの育成支援の環境及び水準が担保されるようにする。

　　○　児童館に来館する子どもと放課後児童クラブに在籍する子どもが交流できるように、遊びや活動に配慮する。

　　○　放課後児童クラブの活動は、児童館内に限定することなく近隣の環境を活用する。

第6章　施設及び設備、衛生管理及び安全対策

1．施設及び設備
（1）施設
○ 放課後児童クラブには、子どもが安全に安心して過ごし、体調の悪い時等に静養することができる生活の場としての機能と、遊び等の活動拠点としての機能を備えた専用区画が必要である。

○ 専用区画の面積は、子ども1人につきおおむね1.65㎡以上を確保することが求められる。

○ 室内のレイアウトや装飾、採光等にも配慮し、子どもが心地よく過ごせるように工夫することも求められる。

○ 子どもの遊びを豊かにするため、屋外遊びを行う場所を確保することが求められる。その際、学校施設や近隣の児童遊園・公園、児童館等を有効に活用する。

○ 子どもの遊び及び生活の場の他に、放課後児童支援員等が事務作業や更衣ができるスペース等も求められる。

（2）設備、備品等
○ 衛生及び安全が確保された設備を備え、子どもの所持品を収納するロッカーや子どもの生活に必要な備品、遊びを豊かにするための遊具及び図書を備える。

○ 年齢に応じた遊びや活動ができるように空間や設備、備品等を工夫する。

2．衛生管理及び安全対策
（1）衛生管理
○ 手洗いやうがいを励行するなど、日常の衛生管理に努める。また、必要な医薬品その他の医療品を備えるとともに、それらの管理を適正に行い、適切に使用する。

○ 施設設備やおやつ等の衛生管理を徹底し、食中毒の発生を防止する。

○ 感染症の発生状況について情報を収集し、予防に努める。感染症の発生や疑いがある場合は、必要に応じて市町村、保健所等に連絡し、必要な措置を講じて二次感染を防ぐ。

○ 感染症や食中毒等の発生時の対応については、市町村や保健所との連携のもと、あらかじめ放課後児童クラブとしての対応方針を定めておくとともに、保護者と共有しておく。

（2）事故やケガの防止と対応
○ 日常の遊びや生活の中で起きる事故やケガを防止するために、室内及び屋外の環境の安全性について毎日点検し、必要な補修等を行う。これには、遠足等行事の際の安全点検も含まれる。

○　事故やケガの防止に向けた対策や発生時の対応に関するマニュアルを作成し、マニュアルに沿った訓練又は研修を行い、放課後児童支援員等の間で共有する。

○　放課後児童支援員等は、子どもの年齢や発達の状況を理解して、子どもが自らの安全を守るための行動について学習し、習得できるように援助する。

○　おやつの提供に際して、食物アレルギー事故、窒息事故等を防止するため、放課後児童支援員等は応急対応について学んでおく。

○　事故やケガが発生した場合には、速やかに適切な処置を行うとともに、子どもの状況等について速やかに保護者に連絡し、運営主体及び市町村に報告する。

○　放課後児童クラブの運営主体は、放課後児童支援員等及び子どもに適切な安全教育を行うとともに、発生した事故事例や事故につながりそうな事例の情報を収集し、分析するなどして事故防止に努める。

○　放課後児童クラブの運営主体は、必ず損害賠償保険に加入し、賠償すべき事故が発生した場合は、損害賠償を速やかに行う。また、傷害保険等に加入することも必要である。

（３）防災及び防犯対策

○　放課後児童クラブの運営主体は、市町村との連携のもとに災害等の発生に備えて具体的な計画及びマニュアルを作成し、必要な施設設備を設けるとともに、定期的に（少なくとも年２回以上）訓練を行うなどして迅速に対応できるようにしておく。また、外部からの不審者等の侵入防止のための措置や訓練など不測の事態に備えて必要な対応を図る。

○　市町村や学校等関係機関と連携及び協力を図り、防災や防犯に関する訓練を実施するなど、地域における子どもの安全確保や安全点検に関する情報の共有に努める。

○　災害等が発生した場合には、子どもの安全確保を最優先にし、災害等の状況に応じた適切な対応をとる。

○　災害等が発生した際の対応については、その対応の仕方を事前に定めておくとともに、緊急時の連絡体制を整備して保護者や学校と共有しておく。

（４）来所及び帰宅時の安全確保

○　子どもの来所や帰宅の状況について、必要に応じて保護者や学校と連絡を取り合って安全を確保する。

○　保護者と協力して、地域組織や関係機関等と連携した、安全確保のための見守り活動等の取り組みを行う。

第7章　職場倫理及び事業内容の向上

１．放課後児童クラブの社会的責任と職場倫理
（１）放課後児童クラブには、社会的信頼を得て育成支援に取り組むことが求められる。また、放課後児童支援員等の言動は子どもや保護者に大きな影響を与えるため、放課後児童支援員等は、仕事を進める上での倫理を自覚して、育成支援の内容の向上に努めなければならない。
（２）放課後児童クラブの運営主体は、法令を遵守するとともに、次の事項を明文化して、すべての放課後児童支援員等が職場倫理を自覚して職務に当たるように組織的に取り組む。
　　○　子どもや保護者の人権に十分配慮するとともに、一人ひとりの人格を尊重する。
　　○　児童虐待等の子どもの心身に有害な影響を与える行為を禁止する。
　　○　国籍、信条又は社会的な身分による差別的な扱いを禁止する。
　　○　守秘義務を遵守する。
　　○　関係法令に基づき個人情報を適切に取り扱い、プライバシーを保護する。
　　○　保護者に誠実に対応し、信頼関係を構築する。
　　○　放課後児童支援員等が相互に協力し、研鑽を積みながら、事業内容の向上に努める。
　　○　事業の社会的責任や公共性を自覚する。

２．要望及び苦情への対応
（１）要望や苦情を受け付ける窓口を設置し、子どもや保護者等に周知する。
（２）苦情対応については、市町村と放課後児童クラブの運営主体が連携して、苦情解決責任者、苦情受付担当者、第三者委員の設置や、解決に向けた手順の整理等を行い、その仕組みについて子どもや保護者等にあらかじめ周知する。
（３）子どもや保護者等からの要望や苦情に対しては、迅速かつ適切に、誠意を持って対応する。
（４）要望や苦情については、その内容や対応について職員間で共有することにより、事業内容の向上に生かす。

３．事業内容向上への取り組み
（１）職員集団のあり方
　　○　放課後児童支援員等は、会議の開催や記録の作成等を通じた情報交換や情報共有を図り、事例検討を行うなど相互に協力して自己研鑽に励み、事業内容の向上を目指す職員集団を形成する。
　　○　放課後児童支援員等は、子どもや保護者を取り巻くさまざまな状況に関心を持ち、

育成支援に当たっての課題等について建設的な意見交換を行うことにより、事業内容を向上させるように努める。

（２）研修等

○　放課後児童クラブの運営主体は、放課後児童支援員等のための職場内での教育訓練や研修のみならず、職場を離れての研修の機会を確保し、その参加を保障する必要がある。

○　放課後児童支援員等は、研修等を通じて、必要な知識及び技能の習得、維持及び向上に努める。

○　放課後児童クラブの運営主体には、職員が自発的、継続的に研修に参加できるように、研修受講計画を策定し、管理するなどの環境を整備していくとともに、職員の自己研鑽、自己啓発への時間的、経済的な支援や情報提供も含めて取り組んでいくことが求められる。

（３）運営内容の評価と改善

○　放課後児童クラブの運営主体は、その運営の内容について自己評価を行い、その結果を公表するように努める。評価を行う際には、子どもや保護者の意見を取り入れて行うことが求められる。

○　評価の結果については、職員間で共有し、改善の方向性を検討して事業内容の向上に生かす。

子発0330第９号

平成30年３月30日

都道府県知事

各　指定都市市長　　殿

中核市市長

厚生労働省子ども家庭局長

（　公　印　省　略　）

放課後児童健全育成事業の設備及び運営に関する基準
の一部を改正する省令の施行について

　　本日、別添１のとおり放課後児童健全育成事業の設備及び運営に関する基準の一部を改正
する省（平成30年厚生労働省令第46号。以下「改正省令」という。）が公布されたところで
あるが、改正省令の趣旨、内容及び留意事項は下記のとおりであるので、御了知の上、各
都道府県におかれては、貴管内市町村（特別区を含み、指定都市及び中核市を除く。）に周
知を図るとともに、その運用に遺漏なきようにされたい。

　　なお、本通知は地方自治法（昭和22年法律第67号）第245条の４第１項の規定に基づく技
術的助言であることを申し添える。

記

第一　改正の趣旨及び内容

１　放課後児童支援員の資格要件の拡大について

　　別添２のとおり「平成29年の地方からの提案等に関する対応方針」（平成29年12月26日
閣議決定）において、放課後児童支援員の基礎資格等について、「一定の実務経験があり、
かつ、市町村長が適当と認めた者に対象を拡大することとし、平成29年度中に省令を改正
する」こととされたことを受け、放課後児童健全育成事業の設備及び運営に関する基準（平
成26年厚生労働省令第63号。以下「基準省令」という。）第10条第３項に第10号として、「５
年以上放課後児童健全育成事業に従事した者であって、市町村長が適当と認めたもの」を
新設する。

2 基準省令第10条第3項第4号の規定の明確化

　基準省令第10条第3項第4号で、学校教育法（昭和22年法律第26号）の規定により、学校の教諭となる資格を有する者を放課後児童支援員の基礎資格として規定しているところ、教員免許状の更新を受けていない場合の取扱いを明確にし、有効な教員免許状を取得した者を対象とするため、基準省令第10条第3項第4号について、「学校教育法の規定により・・・教諭となる資格を有する者」を「教育職員免許法第4条に規定する免許状を有する者」に改正する。

第二　留意事項

1　改正省令による改正後の基準省令第10条第3項に関し、市町村において条例改正が必要な場合があると考えられるが、施行の日から速やかに改正を行い、基準省令の運用に支障が生じないよう、努められたいこと。

2　都道府県におかれては、放課後児童支援員認定資格研修について、改正省令により新たに対象となる者が、支障なく平成30年度より当該研修を受講できるよう、必要な見直しを適宜行われたいこと。

第三　施行期日

　改正省令は、平成30年4月1日から施行する。

　　以上

都道府県知事
各　指定都市市長　　　殿
中核市市長

厚生労働省子ども家庭局長

（　公　印　省　略　）

放課後児童健全育成事業の設備及び運営に関する基準
の一部を改正する省令の施行について

　本日、別添のとおり放課後児童健全育成事業の設備及び運営に関する基準の一部を改正する省令（平成31年厚生労働省令第50号。以下「改正省令」という。）が公布されたところであるが、改正省令の趣旨、内容及び留意事項は下記のとおりであるので、御了知の上、各都道府県におかれては、貴管内市町村（特別区を含み、指定都市及び中核市を除く。）に周知を図るとともに、その運用に遺漏なきようにされたい。
　なお、本通知は地方自治法（昭和22年法律第67号）第245条の4第1項の規定に基づく技術的助言であることを申し添える。

記

第一　改正の趣旨及び内容
　　放課後児童健全育成事業の設備及び運営に関する基準（平成26年厚生労働省令第63号。以下「基準省令」という。）において、放課後児童支援員は、保育士の資格を有する者など、基準省令第10条第3項各号のいずれかに該当する者であって、都道府県知事が行う研修（以下「放課後児童支援員認定資格研修」という。）を修了したものでなければならないこととしている。
　　今般、「平成29年の地方からの提案等に関する対応方針」（平成29年12月26日閣議決定）において、「放課後児童支援員認定資格研修の実施（放課後児童健全育成事業の設備及び運営に関する基準（平26厚生労働省令63）10条3項）の事務・権限については、平成31年

度から指定都市も実施できることとし、平成30年度中に省令を改正する」こととされたことを受け、基準省令第10条第3項本文を改正し、指定都市の長も放課後児童支援員認定資格研修を実施できることとする。

第二　留意事項
1　改正省令による改正後の基準省令第10条第3項に関し、市町村において条例改正が必要な場合があると考えられるが、施行の日から速やかに改正を行い、基準省令の運用に支障が生じないよう、努められたい。
2　放課後児童支援員認定資格研修の実施に当たっては、都道府県と指定都市で協議していただき、地域によって研修が受講できないといったことが起きないよう、地域の実情に応じた適切な対応をお願いする。
3　なお、放課後児童支援員認定者名簿の管理方法等については、別途お示しする予定である。

第三　施行期日
改正省令は、平成31年4月1日から施行する。

以上

子発1003第1号
令和元年10月3日

都道府県知事
各　指定都市市長　　殿
中核市市長

厚生労働省子ども家庭局長
（　公　印　省　略　）

放課後児童健全育成事業の設備及び運営に関する基準の一部を
改正する省令の施行について

　本日、別添1のとおり放課後児童健全育成事業の設備及び運営に関する基準の一部を改正する省令（令和元年厚生労働省令第61号。以下「改正省令」という。）が公布されたところであるが、改正省令の趣旨、内容及び留意事項は下記のとおりであるので、各位におかれては、御了知の上、貴管内の市町村（特別区を含み、指定都市及び中核市を除く。）をはじめ、関係者、関係団体等に対し、その周知を図るとともに、その運用に遺漏無きを期されたい。
　なお、本通知は地方自治法（昭和22年法律第67号）第245条の4第1項に基づく技術的な助言であることを申し添える。

記

第一　改正の趣旨及び内容
　児童福祉法（昭和22年法律第164号。以下「法」という。）第34条の8の2第1項の規定に基づき、市町村は、放課後児童健全育成事業（以下「事業」という。）の設備及び運営について、条例で基準を定めなければならないこととされている。
　現在、市町村（特別区を含む。以下同じ。）が条例で基準を定めるに当たっては、事業に従事する者及びその員数については放課後児童健全育成事業の設備及び運営に関する基準（平成26年厚生労働省令第63号。以下「設備運営基準」という。）に従い定めるものとし、その他の事項については設備運営基準を参酌するものとされている。
　本年6月7日に地域の自主性及び自立性を高めるための改革の推進を図るための関係法

250

律の整備に関する法律（令和元年法律第26号）が公布され、市町村が条例で基準を定める
に当たっては、事業に従事する者及びその員数を含む全ての事項について、設備運営基準
を参酌することとされた。これに伴い、設備運営基準第1条第1項について、「従うべき
基準」と「参酌すべき基準」の区分を削除し、設備運営基準で定める事項を全て「参酌す
べき基準」とする。

第二　留意事項
1　今般、事業に従事する者及びその員数に係る基準が「従うべき基準」から「参酌すべ
き基準」とされたが、その基準の内容は変わるものではない。

2　事業をいかなる体制で運営する場合でも、利用者の安全の確保について最大限留意し、
児童が安心して放課後の時間を過ごせるようにすることが必要である。そのため、市町
村が、地域の実情に応じ条例で設備運営基準と異なる基準を定める場合については、児
童の安全や事業の質が確保されることが前提であり、設備運営基準の内容を十分参酌し
た上で、責任を持って判断しなければならない。また、条例制定過程において、利用者
の保護者や関係者、関係団体等から広く意見を求めるとともに、その内容について、十
分説明責任を果たすことが必要である。
　事業者においては、児童の安全の確保には最大限の留意が必要であることから、「放
課後児童クラブ運営指針」（平成27年3月31日付け雇児発0331第34号厚生労働省雇用均
等・児童家庭局長通知。以下「運営指針」という。）にあるとおり、事故等の防止及び
対応に関する訓練等を実施するとともに、市町村や学校等関係機関と連携・協力体制を
整備しなければならない（別添2）。

3　法第34条の8の3に規定する報告及び立入調査等については、設備運営基準、運営指
針等を参考にしつつ、条例に則った運営がされているかや、児童の安全や事業の質が確
保されているかという観点から、各市町村において適切に実施すべきである。特に、地
域の実情に応じ条例で設備運営基準と異なる基準を定める場合については、2で示した
体制等が整備されているかという観点から実施するべきである。

4　設備運営基準第10条第3項及び附則第2条に規定する放課後児童支援員については、
令和2年3月31日にその経過措置が終了する予定であることも踏まえ、都道府県及び指
定都市においては、設備運営基準第10条第3項に規定する都道府県知事又は地方自治法
第252条の19第1項の指定都市の長が行う研修（以下「放課後児童支援員認定資格研修」
という。）の機会の提供に引き続き積極的に努めることとし、研修の回数や開催場所な
ど受講者への配慮も必要である。また、市町村及び事業者においても、放課後児童支援

員認定資格研修を未だ受講していない職員に対して、研修受講機会を確保するよう特段
の配慮を行うことが必要である。

第三　施行期日
　改正省令は、令和2年4月1日から施行する。

子発0323第３号

令和２年３月23日

都道府県知事
各　指定都市市長　　殿
　　中核市市長

厚生労働省子ども家庭局長

（　公　印　省　略　）

放課後児童健全育成事業の設備及び運営に関する基準
の一部を改正する省令の施行について

　放課後児童健全育成事業の設備及び運営に関する基準の一部を改正する省令（令和２年厚生労働省令第21号。以下「改正省令」という。）については、本年３月４日付けで別添のとおり公布されたところであるが、改正省令の趣旨、内容及び留意事項は下記のとおりであるので、御了知の上、各都道府県におかれては、貴管内市町村（特別区を含み、指定都市及び中核市を除く。）に周知を図るとともに、その運用に遺漏無きを期されたい。
　なお、本通知は地方自治法（昭和22年法律第67号）第245条の４第１項の規定に基づく技術的助言であることを申し添える。

記

第一　改正の趣旨及び内容
　　放課後児童健全育成事業の設備及び運営に関する基準（平成26年厚生労働省令第63号。以下「設備運営基準」という。）において、放課後児童支援員は、保育士の資格を有する者など、設備運営基準第10条第３項各号のいずれかに該当する者であって、都道府県知事又は指定都市の長が行う研修（以下「放課後児童支援員認定資格研修」という。）を修了したものでなければならないこととしている。
　　今般、放課後児童支援員認定資格研修の受講機会の拡充を図るため、設備運営基準第10条第３項を改正し、中核市の長も放課後児童支援員認定資格研修を実施できることとした。

253

第二　留意事項
　1　改正後の設備運営基準第10条第3項に関し、市町村において条例改正が必要な場合があると考えられるが、必要に応じて速やかに改正を行うなど、その運用に支障が生じないよう、努められたい。
　2　放課後児童支援員認定資格研修の実施に当たっては、関係市町村や関係団体等と十分な連携を図り、
　　・認定資格研修の開催日、時間帯等の設定
　　・受講人数枠及び研修回数、研修開催場所
　　等について、都道府県等の実情に応じて受講者が受講しやすいよう適宜工夫するなど、効果的で円滑な実施が図られるよう、努められたい。
　3　なお、放課後児童支援員認定者名簿の管理方法等については、別途お示しする予定である。

第三　施行日
　改正省令は、令和2年4月1日から施行する。

以上

改訂版　放課後児童クラブ運営指針解説書

2021年4月　初版第1刷発行
2024年11月　初版第4刷発行

厚生労働省編

発行者　吉川隆樹
発行所　株式会社フレーベル館
　　　　〒113-8611
　　　　東京都文京区本駒込6-14-9
　　　　電話　営業　03-5395-6613
　　　　　　　編集　03-5395-6604
　　　　振替　00190-2-19640
印刷所　TOPPAN株式会社

表紙・本文デザイン／ニシ工芸